スペインと中南米の絆

意識しないほどの深いつながり

渡部和男

彩流社

はじめに

スペイン語はヨーロッパのスペインとアメリカ大陸の中南米地域で広く話されている。それは、ブラジルを除く中南米地域が、独立以前の約三百年間、スペインの植民地であったことに起因している。日本がまだ室町時代であった一四九二年、コロンブスがアメリカ大陸を発見し、スペインが中南米を植民地化するきっかけとなった。以前の学校教育では、コロンブスのアメリカ大陸「発見」と教えられていたが、近年、既にアメリカ大陸には先住民の人たちが住んでいたので、コロンブスのアメリカ大陸「到達」に統一すべきであるという主張が大勢となり、今に至っている。

この中南米地域やその母国スペインとのお付き合いが始まるとは、筆者自身、大学を卒業して仕事を始めるまでは全く想像もしていなかった。筆者は外務省に勤務してスペイン語を専門用語とした関係で、スペインについては二度にわたり六年間、中南米についてはアルゼンチン、パラグアイ及びコロンビアに併せて九年間滞在した。ラテン文化の本家であるイタリアでは二年間生活した。また、ニューヨークの国連代表部勤務時代には多くの中南米諸国出身の外交官と知り合うことができた。その間、常に問題意識として「スペインと中南米との深いつながり」を感じていたが、この意識はきちんと整理されないまま漠然とした状態で続いていた。

一方、筆者が龍谷大学で教鞭を取っていた間、ラテンアメリカに関する研究者の集まりに何度か参加する機会があった。そこで日本のラテンアメリカ地域研究者の発表を傍聴し、また彼らと意見交換した際、日本の研究者はそれぞれ自らの地域・研究テーマに集中する余り、本家本元のスペインとのつながりなどを意識していないのではないかと感じるようになった。同じく、筆者が中南米やスペインで出会ったそれぞれの国の知識人あるいは外国人も、スペインと中南米とのつながりについて、中南米がスペインの植民地であったことから当然スペイン語を話し、多くの面で影響を受けているという程度の認識であり、それ程深い問題意識を有していなかったように記憶している。

このような認識から出発してスペインやパラグアイ、コロンビア、アルゼンチンなどに想いを巡らしているうちに、「スペインと中南米との深いつながり」をエッセイ風にまとめてみたい、という気持ちになった。筆者は、スペインと中南米地域の双方で生活し、スペイン語を使って現地の人たちと交流してきたので、外国人の立場ではあるが自らの経験として、スペインと中南米とのつながりについて語る資格があるのではないか、と自負している。さらに、外国人であるが故に、より客観的に分析できるし、現地の人が気付いていないことも分かるのではないかと考えている。

スペイン植民地としての「遺産」が今も中南米にどういう形で残っているのか、あるいは、スペインと中南米との比較、のどちらに力点を当てて論じているのか、と問われれば、答えは両方である。即ち、筆者は両世界を比較しつつ、その絆に想いをいたした訳である。特に、中南米でのいろいろいろな政治・経済面での意思決定や人々の意識と文化面で、本国であるスペインの、あるいはスペイン人独特の思考方式が強い影響を与えているのではないか、ということについて長い間、確信のようなものを持っていた。この点についても後半部分で触れていきたい。

ここでお断りしておきたいことが一つある。スペインと中南米との関係を論じた文献はスペイン語・英語のみならず多くの言語で存在する。学術論文であれば、基本的な先行研究を十二分に踏破すべきであろうが、筆者の能力そして時間的な制約もあり、この点が充分とは言えない。その意味で、以下は学術論文ではなく、筆者の個人的経験に基づく勝手気ままなエッセイと考えていただければ幸いである。いろいろと反論や認識の違いがあろうことと思うが、それについては筆者として甘んじて受けさせていただきたい。

なお、本文で中南米諸国、中南米地域という表現を多用しているが、厳密な意味では、スペイン語圏中南米諸国、イスパノアメリカ(地域)を指していることを申し添える。ラテンアメリカは、アメリカ大陸のメキシコ以南の地域を指す総称であり、主としてラテン系の言葉(スペイン語及びポルトガル語)を話す国々から成る。また、イベロアメリカ(Iberoamérica)という呼び方もあるが、これは、「ポルトガルも含めたイベリア半島の人々が築いたアメリカ」という意識が強く表れた呼び方である。以上、中南米、ラテンアメリカ、イベロアメリカの三つを必ずしもきちんと使い分けしていない点について予めお伝えしておきたい。

時代区分について補足する。中南米の歴史を扱った著作であれば、先コロンビア時代（コロンブスが新大陸に到達する以前）、植民地時代、独立国家の時代（及び現代に至るまで）の三つの区分に大別するのが通例である。しかし、本書はエッセイ的な要素もあり、この時系列的な区分を余り意識していないことを申し上げたい。

本随筆は、筆者の思いつくままに話題の流れを展開させており、またそれほど論理的に論を展開させていない。先ず、いろいろな角度から三世紀にわたるスペインの植民地支配や大航海時代のことに焦点を当てて、筆者のスペインや中南米滞在時代の思い出を交えながら話を進めている。途中、思いつき、あるいは懐かしさもあり、スペインや中南米の歴史・文化など個々の事情に触れて思い出を語っているところもある。また、スペイン人、アルゼンチン人など筆者の友人の助けを借りて、スペイン・中南米双方の相手に対するイメージ・意識をまとめている。スペイン語についても、スペインと中南米のスペイン語の違いとその背景を説明した。さらに、踊りや食事、ワインなどの文化面に言及するとともに、新大陸からスペインに伝わったもの、逆にスペインから新大陸に伝わったものについても話題にした。最後には、スペインと中南米との間で、人々の性格や意識の共通点あるいは政治的な決断に際しての類似点ありや、という観点から、過去ないし現時点で進行中の紛争にどういう影響を与えているかについても触れてみた。

基本的に筆者の滞在したスペイン、アルゼンチン、パラグアイ及びコロンビアでの体験が本稿の中心であるが、中南米についての議論を運ぶ上で不可欠と思われる、筆者の土地勘のないメキシコについても先行研究の助けを借りて言及した。また、ニューヨークの国連代表部勤務時代に、多くの中南米出身の外交官と交流があったので、そこで経験して感じたことも織り交ぜてみた。なお、ポルトガルとブラジルとの関係は本エッセイの中心テーマではないが、話の都合上、ところどころでポルトガルやブラジルについても言及している。

スペインと中南米との関係はしっかりとした絆で結ばれており、副題に書いたとおり、「意識しないほどの深いつながり」であった。本書ではこのテーマをいろいろな視点から掘り下げてみたい。

目次

第五章　文化面からの分析　109

第六章　人種・民族・宗教から見たスペインと中南米、教育と科学技術　149

第一章　歴史的に見たスペインの中南米植民地支配

一　三〇〇年の植民地支配が与えた影響と評価

コロンブスのアメリカ大陸「到達」以降、スペイン人が中南米に渡航し、現地での先住民(indígena)との混血等によりヨーロッパ文明が中南米に広まった。スペインによる中南米地域の植民地化、そして十九世紀初めになってやっとこの地域が独立できたことは、その後の中南米の歴史に大きな意味を持つことになった。十九世紀後半から二十世紀にかけて、アジア・中東やアフリカ地域の大半は欧米の帝国主義の犠牲となったが、中南米はそういう歴史の経緯を辿らなかった。その理由として、①中南米が植民地時代から西洋・キリスト教文化圏に入っていたこと、②独立してヨーロッパの公法(ローマ法)秩序体系に入っていたこと、③帝国主義時代のヨーロッパ列強諸国が、距離的にも比較的に近いアフリカ、人口が多いアジア、資源を有する中東地域に関心を持っていたこと、④中南米の人々が血筋的に欧州とつながっていたこと、などを指摘することができる(渡邉2011, pp.19-20)。

このスペインによる植民地支配を中南米の歴史上どう評価するのか。全てについて論じるのは至難の業であるので、とりあえず気づきの点を述べる。

アステカ王国を征服したエルナン・コルテス(Hernán Cortés)、また、インカ王国を滅ぼしたフランシスコ・ピサロ(Francisco Pizarro)の大きな動機は黄金の略奪であった(増田 1998, pp.47-54)。ただし、サラマンカ大学法学部中退のコルテスは教養があったが、逆にピサロの方は教養がなく、先住民への対応などに違いが出た。その後キリスト教の布教目的でイエズス会関係者などがスペインからメキシコやペルーに渡るが、これは征服の後からついてきた出来事である。

スペインによる中南米支配を巡っては、「スペインの黒い伝説(Leyenda negra española)」という悪評がついて回る。これは、中南米を植民地として支配した三〇〇年間、スペイン帝国は中南米地域から富を収奪し、現地の人たちの人権を蹂躙したという考え方である。

スペインの中南米支配が始まってから、現地のインディオたちは植民者たるスペイン人によって土地を奪われ、過酷な労働を強いられた。これに対し、一五一五年、キューバに在住していたドミニコ会のバルトロメ・デ・ラス=カサス(Bartolomé de las Casas)はインディオ保護の必要性を訴えた。初めエスパニョーラ島に伝道師として渡ってきたラス=カサスは、スペイン人によるインディオの扱いに不正と残虐性を感じ、自分のエンコミエンダ(寄託されていた荘園・先住民)のインディオを解放した。さらに彼はスペインに何度も帰国し、一五四〇年には、征服の不当性とその即時停止及び征服者たちの非道な行為を糾弾した報告書を国王に提出した(国本 2001, pp.48-49)。また、サラマンカ大学の神学教授であったフランシスコ・デ・ビトリア(Francisco de Vitoria)もインディオの隷属化を厳しく批判した。ラス＝カサスは中南米でインディオがその人権を侵害されていることについて文書を残したため、後に、オランダ、イギリスなどで「黒い伝説」の根拠として引用されることになった(渡邉 2021, pp.68-69)。

1000 ペセタ上のエルナン・コルテス（1992 年発行）

この植民地主義に対する反スペインの歴史観は他のヨーロッパ諸国、特に英国やオランダなどで今も残っている。スペイン内戦で勝利したフランコ独裁政権に対しては、長い間、欧米を中心とする国際社会は冷たい対応を続けたが、その背景にはナチスと結託したことによる反ファシズム感情のみならずこの黒い伝説の影響も少なからずあったと筆者はサラマンカのスペイン人友人から聞かされた。

スペインの紙幣や硬貨のデザインに登場する歴史上の人物、特に征服者(conquistador)のイメージについて分析してみることは面白い。コロンブスはカトリック両王と並び頻繁に紙幣や硬貨に登場する。メキシコを征服したコルテスは一九四〇年発行の一ペセタ硬貨に、また、一九九二年発行の千ペセタ札にはコルテスとペルーを征服したピサロ が登場する。

サラマンカ大学法学部中退のコルテスは時のスペイン国王に征服地アステカの状況を書簡で報告するほどのインテリであった。筆者は、メキシコ人よりコルテスに対するあからさまな反発感を聞いたことがない。一方、インカを征服してその金銀財宝を収奪したピサロに対してはペルー人からの反感が根強く、筆者自身、クスコ観光の案内をしてくれた先住民系混血の女性ガイドより、ピサロに対する罵りの言葉を聞かされた。サラマンカは大学街であり、学生を対象とした幾つかの学生寮が存在する。その中には、フライ・ルイス・デ・レオン(Fray Luis de León 十六世紀の詩人・神学者。フライは修道士の意味)やエルナン・コルテスの名前を付けた学生寮があるが、ピサロの名前がついた寮は存在しない。

スペイン、少なくとも筆者が一年間滞在したサラマンカにおいては、二大征服者コルテスとピサロに対する印象と評価が大きく違っているように感じた。サラマンカ大学で法律を学んだコルテスは、新大陸に渡る前の一時期、バリャドリードの公証人事務所で働いていた。アステカ王国の支配下におかれていた他の部族の不満と離反を利用して、コルテスたちはアステカ文明を破壊し、その富を略奪した。この征服と略奪のプロセスにおいては、インカ帝国を征服したピサロと大差ない。ただ、ピサロの場合はアタワルパ王を捕えて黄金を略奪した上に、約束を守らずにアタワルパを処刑したこと、ペルー征服後もスペイン人征服者の内紛が続いて最後にはディエゴ・アルマグロの息子に暗殺されたことなどで、暗いイメージがつきまとっている。

因みに、コルテスは病死であった。このような理由で、サラマンカでは、コルテスに対するイメージの方がピサロに対するイメージより肯定的であった。

ここで話は国際法に飛躍する。十七世紀に「戦争と平和の法」を著わしたオランダのユゴー・グロティウス(Hugo Grotius)は有名である。しかし、前述のとおり、十六世紀のスペインにはフランシスコ・デ・ビトリアが存在した。サラマンカ学派の始祖として活躍したビトリアは国際法の父と言われ、スペインによる新大陸の征服・統治を法的に根拠づけたこととして知られている。彼は、一五三三年のピサロによるインカ皇帝アタワルパ殺害に始まるペルー征服の正統性について疑義を表明しつつも、世界の民族の間で通商・航海などの交流をする自由を主張し、最終的にはスペインによる新大陸、即ち中南米の征服・統治についての法的な根拠を理論化した。ビトリアによるこの「万民法」の考え方はグロティウスなどに引き継がれて、国際法へと発展していった。黄金の世紀に突入して世界戦略を必要とした当時のスペインとしては、自らの中南米植民地支配を何らかの形で正当化する状況に迫られていたのであろう。

1000ペセタ上のフランシスコ・ピサロ
（1992年発行）

筆者は一九七〇年代後半にサラマンカ大学に留学した際、サン・エステバン修道院の入り口にあるビトリアの像について友人から説明を聞かされた。ビトリアは晩年、サン・エステバン学院で講義をしていた。しかしながら、筆者は当時、ビトリアの業績やスペインの中南米支配との関係において彼が果たした役割について全く無知であったため、何の感慨もなく、このビトリアの像を眺めていたことを記憶している。

十七世紀になってからスペイン領中南米は大きく発展し、成熟する植民地社会となった。経済面では、メキシコやボリビアで産出される銀の大半が現地中南米に蓄積されるようになり、それをもとに、いろいろな産業が発達した。また、スペイン人を親（両親ないし片親）として中南米で出生したクリオージョ（Criollo）階層が増加し、本国からやってきたスペイン人を数の上で圧倒するようになってきた。そして、これらクリオージョ達の間で、スペイン文化を母体としながらも、いろいろな現地色を取り入れた新しい文化が生まれてきた（増田 1998, pp.121-130）。このクリオージョの存在が一八一〇年前後に中南米各地で勃発した独立運動に結びついていく。

例えばパラグアイ国歌の冒頭は、「A los pueblos de América, tres centurias un cetro oprimió…」（三〇〇年の間、一つの王冠がアメリカの人たちを収奪していた……）と三百年にわたるスペインの植民地支配に対する糾弾で始まる。また、コロンビア国歌の冒頭は、「Oh Gloria inmarcesible! Oh jubilo inmortal! En surcos de dolores el bien germina ya!」（萎えることのない栄光、不死の喜びである。

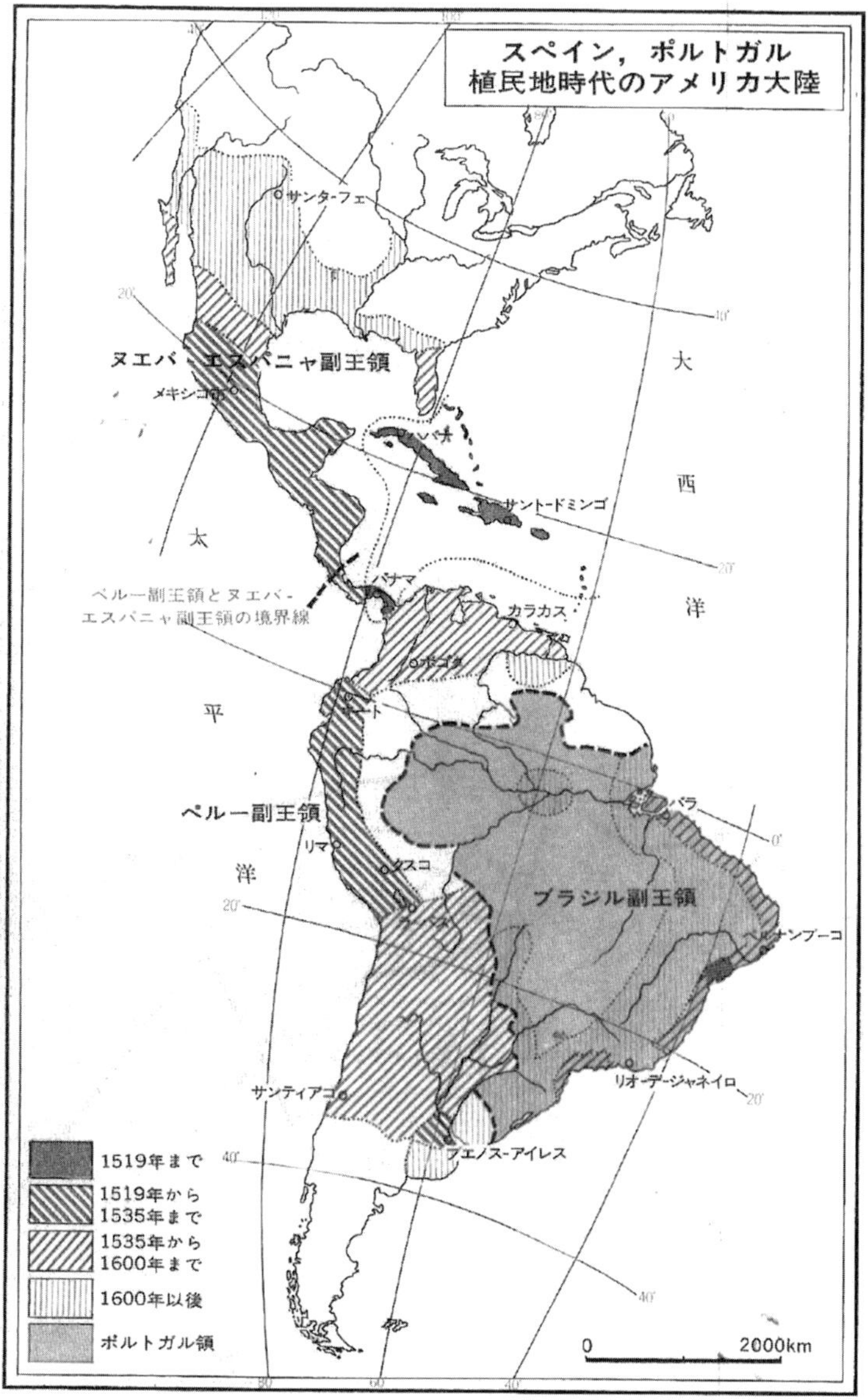
スペイン，ポルトガル
植民地時代のアメリカ大陸
サンタ-フェ
ヌエバ-エスパニャ副王領
メキシコ市
サント-ドミンゴ
パナマ
カラカス
ペルー副王領とヌエバ-
エスパニャ副王領の境界線
ボゴタ
パラ
ペルー副王領
リマ
クスコ
ブラジル副王領
ペルナンブーコ
サンティアゴ
リオ-デ-ジャネイロ
ブエノス-アイレス
大
西
洋
太
平
洋
1519年まで
1519年から
1535年まで
1535年から
1600年まで
1600年以後
ポルトガル領
0
2000km

痛みの中からいいものが生まれた……）と対スペイン独立戦争に勝利した喜びを謳っている。筆者は、パラグアイやコロンビアに滞在中、それぞれの国歌を頻繁に聞く機会があったが、その度ごとに、スペインによる三百年間の支配、それに続く中南米各国独立の際の歓喜がいかばかりか想いを巡らしたものである。

ここで、北米大陸と中南米地域との大きな違いについて言及する。北米に進出したアングロサクソン族ないしフランス人は、支配地域を拡大するために現地のインディアンたちとは混血することなく、逆に抹殺・粛清の対象とした。しかし、中南米のアステカやインカに進出したスペイン人は積極的に混血した。そしてこの混血の結果生まれたクリオージョたちが皮肉にも一九世紀初めに対スペイン独立運動の主役となるのである。エルナン・コルテスの場合、アステカ王国を滅ぼす時に他のインディオたちの協力を得た（清水 2017, pp.83-87）。また、コロンビアの首都ボゴタを建設したゴンサロ・ヒメネス・デ・ケサーダ（Gonzalo Jiménez de Quesada）の場合も現地ムイスカ族の協力を得てボゴタの街を建設した。このように、征服者スペイン人と先住民たちとの協力関係は極めて重要であり、これが中南米地域の混血文明の発展にとり大きな要因の一つとなった。勿論、先住民との混血が協力関係構築に直ちにつながった訳ではない。

中南米のスペイン語圏の人たちの大半は、スペインを母国と認識しており、後述するように、ブラジル人のポルトガルに対する意識と全く異なっている。筆者がアルゼンチンからスペインに転勤した際に、"Voy a Madre Patria España!"（母国のスペインに行きます）と説明したところ、アルゼンチンの友人たちから違和感もなく自然に受け入れられた。また、フアン・カルロス一世国王の活躍した時代、スペインはイベロアメリカ首脳会議(La Cumbre iberoamericana)を主催し、スペインとラテンアメリカ諸国とのつながりを強調した。スペイン外交にとって、「中南米とのつながり」は真に大きな財産である。

いずれにしてもスペインの中南米支配について評価は分かれる。

二　中南米諸国の憲法

イスパノアメリカは世界的に見てもかなり早い時期に憲法の成立をみている。十九世紀初頭の相次ぐ独立によって王権が消滅すると、これらの諸国には正当性の空白が生じた。いかなる正当な原理をもって国家を運営するかというテーマを前にして、当時、米国の独立とフランス革命以来西欧で広がりつつあった共和制や自由民主主義がモデルとなった。「人及び市民の権利宣言」(一七八九年)や「アメリカ合衆国憲法」(一七八八年)が、独立後まもなく制定された各国憲法に影響を与えた。また、スペインの「カディス憲法」(一八一二年)も一部の国の憲法の模範となった。

しかし、これらの原則に基づく中南米諸国の独立といっても、実際は現地生まれのスペイン人クリオージョが本国スペインに対して達成したものであり、彼らは住民の一部を代表しているに過ぎなかった。これらの国々は、こうしたモデルを実現するのに必要な市民社会の成熟をまだ迎えていなかったのである。そのため、憲法に謳われた諸原則は、現実から遠くかけ離れた起草者たちの理想に過ぎなかった。この状態は現在まで続いており、理想と現実の乖離は未だ克服されていない。さらに国家建設の担い手であるクリオージョにおいても、共和政や自由主義の背景にある社会契約思想が根付いていたわけでなない。そのため、実際の国家運営のなかでは、むしろ権威主義的でヒエラルキカルなイベリア的伝統が色濃く反映されることとなった(岸川 1993, pp.68-69)。

中南米諸国においては、非常に立派な、理想的な中身の民主主義憲法を有しているにもかかわらず、実態はこれとまったくかけ離れている。そして、時の権力者によって、都合のいいところで、憲法ないし右に基づいた法律が突然引用されて実施され、一部の市民が罰せられるという事態を筆者はときおり観察してきた。その根源は一九世紀初頭のクリオージョ主導による独立に遡る。

三　スペイン植民地とブラジルの母国に対する思いや相違

ナポレオンのイベリア半島侵略により、中南米では独立の機運が高まった。しかしながらブラジルの場合は、ポルトガル王室がそのままブラジルに移り、ペドロ一世として独立するという形態をとったので、イスパノアメリカの独立とは事情が大きく異なっている。ポルトガルを祖国ないし母国と意識しているブラジル人に出会うことは極めて稀である。筆者はサンパウロなどで日系ブラジル人の人たちといろいろなテーマについてじっくりと話す機会があったが、ポルトガルの「ポ」の字も話題に上らなかった。

ブラジルは、ポルトガルからの独立以降、有する天然資源のおかげで、砂糖から金へ、そして金からコーヒーへの繁栄を通じて経済的に大きく発展し、今やＢＲＩＣＳの一つを担う大国となった。独立当初の経緯と併せ、ポルトガルとブラジルとの関係は、スペインとイスパノアメリカ諸国との関係と本質的に大きく異なる。

ポルトガルとブラジルとの意識の違いについて、以下の指摘は興味深い。

十九世紀実証主義や社会進化論がブラジルに入ってくると、それに触れた知識人や上流階級が奴隷社会のアフリカ性をブラジルの後進性の原因として見る一方、文化的に大きな影響を受けていたフランスに一番親近感を持つようになり、その結果、母国のポルトガルはブラジルのアイデンティティ形成から遠のくことになった。その上、奴隷制が廃止された後にコーヒー農園に労働力が必要になったこと、自国民の「白人化」を意図し、イタリア、ポルトガル、スペインなどのヨーロッパ移民を招き、人種的にますます複雑になった。この民族や自然環境の多様性こそブラジルのアイデンティティの本質ではないかと考える者もいる（三田 2009, pp.43-53）。

ブラジルは、約一世紀にわたる帝政時代の存続により、国土の分裂が回避された。かくして、南米大陸の約半分がポルトガル領となり、資源や食料についても国内でほぼ自己完結できるほどになった。その結果、為政者のみならず知識人を含めた多くのブラジル人が、周辺のスペイン語圏中南米には存在しないほどの「大国意識」を持つに至った。従って、ポルトガルと比較してみようとする気持ちは全くない。この点、何かにつけて、母国スペインと比較したがる周辺のスペイン語圏中南米諸国の人たちとはその意識において大きく違っている（渡邉 2021, pp.138-141）。ブラジルに滞在経験のある知人によれば、ブラジル人は十九世紀後半、フランスから啓蒙思想が入ってきたこともあり、フランス文化に対する親近感ないし憧れを持っているそうである。

筆者は二度目のスペイン滞在時に、バリャドリードの北にあるトルデシージャス僧院（Real Monasterio de Santa Clara de Tordesillas）の近くを車で通りすぎる機会があった。高い松林に覆われており、これといった特徴のない僧院であり、これがスペインとポルトガルによる世界分割を決めたトルデシージャス条約が調印された歴史的な場所であるのか、と若干拍子抜けに感じた。一四九四年六月、スペイン・ポルトガル両王国はカボ・ヴェルデ諸島から三七〇レグア西の経線を分割線として、東がポルトガルの勢力範囲、西がスペインの勢力範囲とすることで合意した（渡邉 2021, pp.50-51）。

しかし、その後、ブラジルと旧スペイン中南米諸国との国境線がどんどん西に湾曲して今のような形になってしまった。この理由として、第一に、ブラジルが王政のもと一つにまとまって行動していたこと、第二に、金の開発とバンデイランテ（奥地探検隊）の活動により、ブラジルの勢力範囲がどんどん西に拡大していった状況において、スペイン植民地及び独立後の諸国側はこれを阻止できなかったこと、が言われている。さらに、三番目の一番大きい理由としては、西側スペイン植民地側から東に進むことは、そもそもアンデス山脈の険しさ故に物理的に難しく、また、銀という富がアンデス山脈に見つかったことも指摘できるであろう（渡邉 2021, pp.140-141）。筆者は、このアンデス山脈が人間の移動をいかに妨げているかについて、コロンビア及びペルーの山岳地帯を目で見て実感した。

言語面で感じたブラジルとポルトガルとの対比を述べる。ブラジルのポルトガル語は口を開けて発音されるので、スペイン語に慣れている外国人であればかなり理解できる。しかし、ポルトガルのポルトガル語は口の中でモゴモゴと話され、子音が連続するので外国人には理解しにくい。筆者は、二〇一一年のメルコスール首脳会議場において、当時ブラジル大統領であったジルマ・ルセフ(Dilma Rousseff)の演説を直接聞く機会があった。彼女の発音は明快であり、スペイン語を解する者にとって分かりやすい内容であったことを記憶している。

四　スペインと中南米をつなぐ黄金

新大陸を目指したコロンブスによる航海の目的は、インドシナ産香辛料と中国の絹織物、そしてジパングの黄金であったと言われている。金を求めて始めた大航海がスペインと中南米をつないだのである。そして、スペインが中南米を征服してからは大量の銀がスペインに持ち去られるようになった。ここでは、筆者の土地勘のあるペルーとコロンビアを中心にして説明したい。

一五三二年十一月、ペルー北部の町カハマルカで、フランシスコ・ピサロ一行はインカ皇帝アタワルパに謁見した。その際に謀略を使って、ピサロはアタワルパを人質にして大量の金を身代金としてインカ側から入手した。さらに首都クスコに入ってからも太陽神殿をはじめいくつかの宮殿や神殿から金を略奪した。ピサロ一行がカハマルカやクスコで獲得した黄金は総計十トンにも上ると言われている。筆者はクスコ・マチュピチュへ旅行した際、クスコのコリカンチャ（太陽神殿）内部を見学した。宮殿内部の石の部屋には、王冠をはじめとした金細工の装飾品の写真があったが、現物はほとんど残っていなかった。現地のガイドより、これら黄金の装飾品はスペイン人が金の延べ棒にして全て持って行ったと聞かされた。恐らく本当のことであろう。

インカ帝国征服後、スペイン人たちは、第二の黄金郷（エル・ドラード）を求めて中南米各地に散っていった。一五二四年、南米北端のカリブ海に面した街サンタ・マルタはスペイン人によって建設された。その総督であったフェルナンデス・デ・ルゴは南のアンデス山中に黄金の豊かな土地があると聞いて、サラマンカ大学出身の青年ヒメネス・デ・ケサーダを隊長とした部隊を南部へ派遣した。一五三六年四月、サンタ・マルタを出発したケサーダ一行は、湿気や虫に悩まされながらもマルダレーナ川沿いに進み、最終的に広い高原に到達した。そこはムイスカ族が支配する集落バカタ（後のボゴタ）であった。スペイン人たちは、ボゴタ高原の征服に一年を費やした。そして、トゥンハ首長サケの宮殿を征服したことにより約六三〇キロの金、そして大量のエメラルドを入手した。その後もスペイン人たちは、ボゴタ盆地及びその周辺で略奪を続け、全部でほぼ一トン半の黄金を獲得した。筆者はボゴタに滞在した際、ムイスカ族は大変おとなしい部族であったので、ケサーダ一行とは余り激しい戦いにならなかったと聞かされた。確かに高さ二六〇〇メートルのボゴタ高原は、涼しい気候故に熱帯病の心配がなく、近くに水や塩の供給先があったので、その後もヌエバ・グラナダ（コロンビア）の首都となり続けた。

アメリカ大陸の古代文化は長い黄金の歴史を持っている。褶曲作用によって海底から隆起したアンデス山脈の中に熱水鉱床による金鉱脈が多く隠れていたのであろう。黄金文化が栄えた地域は、北はメキシコから南は中央アンデスまで広範囲にわたっている。黄金の加工術を含む金属文化は、はじめ中央アンデスの南部に始まり、しだいに北上してパナマ地峡を通過し、最後にメキシコに入った。ただし、生産や武器に利用できる鉄の文化は持たなかった。

黄金の船（Balsa muisca）（黄金博物館、コロンビア）

中央アンデスで最も古い金属文化は、ボリビアのワンカラニ文化（栄えたのは紀元前一二〇〇〜一〇〇〇年代）である。その後ペルーの中部高原及び北部海岸を中心にチャビン文化（紀元前一二〇〇〜三〇〇年）が興った。このチャビン文化では、非常に高度な技術を使って黄金の王冠、胸飾りなどが作られた。黄金加工の技術を有する古代アンデス文化は、チャビンのあともシパン文化、シカン文化と続いた。

インカ帝国の北辺にあるエクアドルでも金細工は盛んであった。筆者は二〇一四年にエクアドルの首都キトを訪れた際、そこのサンフランシスコ聖堂・修道院で黄金に輝く祭壇を見てそのまばゆさに圧倒された。と同時に、若干の違和感を覚えた。というのも、フランシスコ派の創始者はイタリアのアッシジで貧しい人々を救うべく清貧のまま活動した聖フランチェスコであり、豪華な黄金の装飾とは全く無縁であったからである。

コロンビアでは、大西洋に注ぐカウカ川の流域に豊かな金の鉱脈があり、砂金が多く産出されることから、黄金文化が発達した。コロンビアの黄金細工は地方ごとに特色を有しており、それらは、現在、ボゴタ中心部にある黄金博物館(Museo de Oro)で見ることができる(増田 1997, pp.31-37, pp.73-79)。

展示品の中で最も有名な黄金の船は「ムイスカの船」と呼ばれており、先コロンビア時代、ムイスカ族が儀式をする際に使用されたと言われている。

金の精錬方法について筆者は長い間疑問をもっていた。水銀を利用して金の不純物を取り除く、いわゆるアマルガム法は後世になってから発見された。スペイン人は、冶金技術の一つであるアマルガム法を銀の精錬などのために中南米植民地へ持ち込んだ。しかし、古代黄金文化のアンデス地方ではどのようにしていただろうか。金に銀の不純物が混ざっていた場合、酸またはそれに類するものにより銀を溶解して除去する方法が取られていた可能性が高い。また酸としては、果物の汁などが使われていたと想像されている。

黄金の国ジパング(日本)と中南米との関係について言及する。コロンブスが西インド諸島への大航海の際に、マルコ・ポーロの「東方見聞録」を熟読していたことは間違いない。そしてコロンブスは、自分がアジアに到達したと死ぬまで信じていた。

一二七四年夏、元帝国の副都である上都に到着したマルコ・ポーロはその後十七年間、元の皇帝フビライ・ハーンに仕えた。当時、中国社会は日本列島についてかなり正確な情報をもっていたので、マルコ・ポーロがジパングについての情報を入手したのは、フビライの周辺に出入りしていたイスラム商人からであると言われている。

一説によれば、唐の時代、遣唐使一行が生活費に充てるために持参した膨大な量の砂金が「黄金に満ちた島」の噂話を生み出し、その噂がイスラム商人の間で膨らみ、後のジパング伝説のルーツとなるワクワク(倭国)伝説につながったと言われている。また、奈良の大仏の鍍金用に使われた陸奥の国の砂金についてのニュースが同じくイスラム商人経由で拡散した可能性もある(宮崎 2007, pp.6-15)。ただ、この場合において、金と銀との区別がどこまではっきりとなされていたか定かでない。というのも、遣唐使は生活のために銀を携行したとの記録が存在するからである。それにしても、黄金島ジパング伝説を巡る考察は尽きない。スペインと中南米との絆が可能となったきっかけの一つは黄金であり、黄金の国ジパングも何らかの貢献をしていた可能性があると言える。

銀について補足説明する。中南米において初めは金の算出が銀を上回ったが、一六世紀半ばに有力な銀鉱脈が次々と発見され、のち約一世紀にわたり銀ブームが出現した。この銀ブームは、一五四五年にペルー副王領のアンデス山岳地帯に位置するポトシ(現在はボリビア)での銀鉱脈の開発で始まった。その後、ヌエバ・エスパーニャ副王領(メキシコ)で、サカテカス(一五四六年)、グアナファト(一五五〇年)、パチュカ(一五五五年)などで豊かな銀鉱脈が発見された。このようにして、銀鉱山の開発は植民地経済の最も重要な部分となった(国本 2001, pp.72-73)。

五　スペイン語が中南米で話されるようになった背景

コロンブスのアメリカ大陸到達を契機としてスペイン人の中南米進出が進み、スペインが支配した中南米地域でスペイン語が話されるようになった。この点を当然視して何の問題意識も持たなければ議論はここで終わってしまう。そこでもう少し問題意識を持ってみたい。

コロンブス一行はアメリカ大陸到達時に、新大陸の人々との意思疎通に大変な苦労をした。一四九二年の第一回目の航海で新大陸に到達した時、コロンブスは先住民との間で身振り手振りにより何とかやり取りをした。正確な意思疎通の手段がなかったために、黄金に関する十分な情報を入手することができなかった。メキシコを征服したエルナン・コルテスも同じように苦労した。幸いコルテスは、ナワトル語・マヤ語そしてスペイン語にも堪能であった先住民女性マリンチェ(La Malinche)の助けを借りてアステカ王国を征服することができた。ナワトル語を母国語としたマリンチェは、若いときに奴隷として売られた先の土地の言語がマヤ語であったため、マヤ語にも通じた。さらにマヤ語を解するスペイン人アギラールとともにコルテスの通訳をしているうちに、スペイン語も習得した。「メキシコ征服記」を書いたコルテスの部下ディアス・デル・カスティーリョは、マリンチェのおかげで征服事業が大きく前進し、彼女なくしてメキシコの言語を理解することは無理であったと述べている。そしてスペイン語が中南米地域に広く通用する言語となったのは、コロンブスの新大陸到達から約二百五十年たった一八世紀半ばになってからである(立石 2009, pp.19-22)。

二百五十年もかけてスペイン語が中南米に広がった背景として二つのことが指摘できる。一つは、先住民族が話していた言語の特殊性・非普遍性である。すなわち、極めて限られた人口の部族の間で話されていた言語は、隣の部族の言語と共通性を持たず、通用する地域が限られて発展性に乏しかった。また、これらの部族言語は記録する手段としての文字を有していなかった。言語学者のスワーディッシュは、コロンブスが新大陸に到達した一四九二年の時点で、およそ一二〇〇の先住民言語が存在した、と推定している(山崎 2009, p.130)。

その意味で、スペイン人が持ち込んだスペイン語が徐々に共通語としての意味を持つようになるまでには長い年月を要したのである。この点については、多くの言語が存在している広大なインド亜大陸において、イギリスの進出・支配が広がるとともに、英語が共通言語として発達していった経緯とよく似ている。

筆者がコロンビアで歴史学者より聞いた話を披露する。コロンビアでスペイン人が最初に建設した街はカリブ海に面したサンタ・マルタであるが、その東に、サンタ・マルタ山脈(Sierra de Santa Marta)が存在する。その中の最高峰であるクリストバル・コロン山はカリブ海沿岸からわずか四二キロメートルに位置しているにもかかわらず、その高さは五七〇〇メートルに達する。この山岳地帯での移動はその高さと峻厳な地形、広さ故に容易ではない。コロンブスのアメリカ大陸到達よりもずっと前に、このサンタ・マルタ山地には二〇〇近くの先住民が生活し、かつお互いの交流がなかったため、それぞれ全く異なる言葉を話し、二〇〇近くの言語がそのまま残っていたそうである。コネクティビティ(Connectivity、連絡ないし相互接続ができること)が文化の交流に持つ重要な意味を改めて認識した。

中南米でのスペイン語の普及に貢献したもう一つの要素は、神の教えであるキリスト教の伝道である。スペイン人宣教師たちは、先住民貴族の子弟に対するスペイン語教育を通じて積極的に布教活動を行った。その結果として、キリスト教とともにスペイン語が中南米全域に広まった。この点については、パラグアイでの布教村活動のところで改めて説明したい。

イスパノアメリカとしてのまとまりはスペイン語の存在がもたらしたものであると言っても過言ではない。イスパノアメリカ人が西洋文明とつながっているのはスペイン語とその背景となっている文化を通じてである。イスパノアメリカのメスティソ大衆の間から生まれた社会改革や生活水準の向上を求める当然の要求さえも、それが十分に実効性をもつためにはスペイン語で表現されなければならなかった。先住民の諸「帝国」が崩壊し、新しい共通語が普及したことから、イスパノアメリカは歴史を共にする一つの世界となり、相互に反目する閉鎖性の強いばらばらの部分に分裂することはなかった。スペイン語は、イスパノアメリカの歴史過程において政治的独立と文化的連帯のすばらしいシンボルとなった。現在の世界を地理的に見て、イスパノアメリカほど強い家族的親近性をもつ地域は他にない。例えば国籍こそ違え、チリ人とメキシコ人の間には、オーストラリア人とカナダ人との間に見られるよりも、強い情緒的な親近性がある(ピコン＝サラス 1991, pp.45-46)。

六　パラグアイにおけるグアラニー語とイエズス会

中南米諸国の公用語は、スペイン語及び先住民の言語である。メキシコの公用語はスペイン語及び六八の先住民諸言語、ボリビアの公用語はスペイン語に加え、ケチュア語、アイマラ語、グアラニー語及びその他三三の先住民言語、ペルーの公用語はスペイン語、ケチュア語、アイマラ語となっている。ボリビアでのアイマラ語、ペルーでのケチュア語は、それぞれ一部の部族の間で今でも話されている。しかし、実際上、公用語として使用され、その国で広く流通しているのはスペイン語のみである。ところが、パラグアイの二つの公用語の一つである先住民のグアラニー語については、実際、今でも国内で広い範囲に亘って活きた言葉として使用され、かつ、アルファベット文字を使ってであるが、文章として残されている。先住民言語は中南米の多くの国で衰退しつつあるが、パラグアイにおけるグアラニー語だけは他の先住民言語と異なった状況にある。何故であろうか。

十六世紀後半から十八世紀にかけて、イエズス会はパラグアイでキリスト教の布教活動を始めた

布教村の礼拝堂廃墟（サンティシマ・トリニダッド、イタプア州）

が、彼らはグアラニー族との共生を目指した。それはReducción（布教村、教化村と訳されている）と呼ばれた共同体であり、この共同体の敷地の中には教会（礼拝堂）、学校、共同の作業所や農耕地などが存在した。この布教村はパラグアイ北西部のパラナ川沿い、ボリビア南部、アルゼンチン北部に点在した。イエズス会神父たちはグアラニー語をアルファベット表記で書き写し、文法についても研究した。そのおかげでパラグアイではグアラニー語が現在もしっかりと残っており、スペイン語と混在するジョパラ（jopara）という形で未だに使われている。十八世紀後半（一七五九年にブラジルから、また、一七六七年にスペイン領から）のイエズス会追放令によりこれら布教村の多くが放棄され、廃墟と化した。

一九八六年のハリウッド映画“The Mission”は十八世紀の南米・パラナ川を舞台に、キリスト教布教に携わるイエズス会宣教師たちの活動をテーマにしている。ロバート・デ・ニーロ主演のこの映画の最後では、閉鎖を命じられた布教村のグアラニー族と宣教師たちが、現地の政府当局者と戦うシーンが出てくる。しかし実際はこのような戦いがなく、宣教師たちは静かに布教村を立ち去って行った。

このような布教村の中で、最もよく保存されているのはパラグアイのイタプア州の日系人移住地ラ・パス近くにあるサンティシマ・トリニダッド（La Santísima Trinidad del Paraná）である。世界遺産にも指定されているこの布教村の敷地は広く、礼拝堂や学校を始めとした施設がほぼ元に近い形で保存されている。筆者がこの礼拝堂廃墟を訪れた際、中には壺などと共に多数のかけらが放置されていたが、その中にアルファベットを使ってグアラニー語を記した痕跡を確認することができた。

布教村の遠景（サンティシマ・トリニダッド、イタプア州）

ある時、パラグアイ政府観光庁主催による「音と光」のショーがここで開催され、筆者も参加した。暗い闇の中で、礼拝堂が光で写し出され、音楽の中にグアラニー語やスペイン語が混ざり、非常に不思議な雰囲気であった。真に、当時のイエズス会宣教師や彼らと共同体生活を送っていたグアラニー族の人たちの吐息が感じられたような気がした。

筆者は三年余りのパラグアイ勤務時代にグアラニー語を学習する機会があったが、その際にいつも日本語とのつながりを感じていた。

グアラニー語の基本的な単語、特に身体の部位に関する語彙は、全く偶然であろうが日本語とつながっている。Tyvyta（トゥブタ）はまぶた、Nambi（ナンビ）は耳、Ombu（オンブ）は背中、Titi（ティティ）は胸、そして雨はAma（アマ）と言って、発音がよく似ている。

約一万年前、アジアの狩猟民族は、未だシベリアがアラスカとつながっていた頃に獲物を追って北上し、陸続きのベーリング海を渡って北米大陸に入り、そこから一千年程度かけて南下し、パラグアイをはじめとした南米大陸に辿り着いた。グアラニー族の赤ん坊は生まれたときに、日本人の赤ん坊に見られるモンゴル班を有している。筆者はパラグアイでグアラニー族の踊りを観察する機会があった。丸い座を囲み、エイホー、エイホーの掛け声で男性ばかりで踊る姿はアジア民族の収穫後の祝いの踊りそのものであった。ただ、前述したグアラニー語と日本語のつながりについては、具体例の数が限られており、比較言語学の観点から理論化するためには未だ多くの問題点を残している。

南米の先住民族については、このアジア狩猟民族を起源とする説のほかに、南太平洋の人たちが海を渡って、南米大陸の太平洋岸に到着したとする説が存在する。一九四七年、ノルウェーの人類学者トール・ヘイダールは筏のコンティキ号でペルーのカヤオ港から南太平洋のトゥアモトゥ諸島までたどり着き、昔、南米とポリネシアとの移動が可能であったことを証明した。

七　イエズス会とフランシスコ・ザビエル

ここで、イエズス会について少し言及したい。筆者はパラグアイのアスンシオンで一人のイエズス会青年と出会い、いろいろ意見交換をする機会があった。その際に感じたことは、イエズス会の人たちは布教というテーマに真剣に取り組んでおり、指示されれば世界の地の果てであっても勇気をもって赴く覚悟ができているということであった。司馬遼太郎は「街道をゆく、南蛮のみちＩ」において、若きフランシスコ・ザビエルがパリでイグナティウス・デ・ロヨラに出会って感化されイエズス会を共に創設してその活動を始めた経緯について詳しく説明している（司馬 1988, pp.95-107）。パラグアイのパラナ川近くで布教村を作り、グアラニー族と共同生活を始めたイエズス会の人たちもこのロヨラやザビエルと同じような気持ちを持っていたことであろう。

二〇〇六年にザビエル生誕五百年祭がスペインのナバーラ州パンプローナで開催され、筆者はそれに参加する機会があった。ナバーラ王国のパンプローナに近いハビエル城で一五〇六年四月七日、フランシスコ・ザビエルは生まれた。本来であれば、フランシスコは当時のナバーラとカスティーリャ＝アラゴンとの政争に巻き込まれるはずであったが、一五二五年、十九歳の時にパリ大学に留学し、ロヨラに出会って聖職者になることを決心した。イエズス会の創設者の一人となり、一五四一年四月、リスボンを出発し、アフリカのモザンビーク経由で翌一五四二年五月、ゴアに到着した。ザビエルは、その後日本への布教を志し、一五四九年八月に鹿児島に到着してから一五五一年十一月までの二年余り、日本に滞在した。そしてゴアに戻る途次の一五五二年十二月、中国の上川（サンシアン）島（広東省珠江の河口付近）で生涯を閉じる。彼のアジアでの布教はわずか十年余りであるが、五百年経った今でも、後世の人に多大な影響を与えている（ナバーラ州政府2006）。

日本人はザビエルをスペイン人であると思っているし、筆者自身も長い間、そのように信じていた。しかし、司馬遼太郎の「街道をゆく 南蛮のみちI」を読んでいくうちに、その確信のようなものが揺らいできた。そもそも前述のパンプローナでのザビエル祭りに参加した際、筆者は、ザビエルがポルトガル国王に宛てた報告の手紙のコピーを見た。当然、ポルトガル語で書かれていた。ザビエルがインドのゴアに赴くきっかけは、その地で植民地を持つポルトガル国王がイエズス会にそこでの布教を頼んだためであった。ザビエルの日本に関する記述もポルトガル語で書かれている。ザビエルが生まれたのはパンプローナ郊外のハビエル城であるが、そのナバーラ王国はカスティーリャ＝アラゴンによって滅ぼされた。ザビエルは生活語としてはバスク語を使い、教師から学ぶ知的な言語としてはラテン語やフランス語を使っていた。彼が十九歳のとき、スペインではなくフランス・パリ大学の学院（コレージュ）に入学した。ゴアから先、日本にまで行く旅についても、ザビエルはポルトガルの援助によった。彼の後半生のほとんどはポルトガル国民であったかのようである。しかし、ザビエル自身はおそらく、彼をナバーラ王国出身と認識していただけでスペイン人あるいはポルトガル人と意識してなかったであろう（司馬 1988, pp.231-234）。

ザビエル自身はコスモポリタンであった。

イグナシオ・ロヨラ、フランシスコ・ザビエルらによって創設されたイエズス会が前述の布教村などに見られるようにその後大きく発展していった背景には、他の修道会と異なる戦略があったように思われる。

コルテスによって征服された直後のメキシコの状況を見てみると興味深い。メキシコには先ず、フランシスコ修道会、ドミニコ修道会、アウグスティヌス修道会が進出し、これら三つの修道会が征服間もないヌエバ・エスパーニャ（メキシコ）の領域を分割して伝道活動が始まった。特に興味深いのは、フランシスコ修道会の伝道の拠点が、当時の銀鉱山開発の動きと連動していることである。すなわち、強い精神力に支えられた修道士個人の布教活動も、スペインの征服植民地活動と密接に繋がっていた訳である。

ここでフランシスコ修道会とコロンブスとのつながりについて補足する。ポルトガルのジョアン二世に西廻りアジア・ルートによる航海の支援を申し入れて断られたコロンブスは、スペインに移り住み、イサベル女王に対して航海の支援を申し入れた。しかし、すぐさま返事はなかった。一四九一年、失意のうちにウエルバ近郊にいたコロンブスに対し、フランシスコ会厳修派のラ・ラビダ修道院は暖かい手を差しのべた。コロンブスはそこで、イサベル女王のかつての告解師（懺悔を聞く修道士）であったファン・ペレス・デ・マルチェーナと知り合い、彼の計らいで女王との話し合いを再開できた。最終的には女王の許可を得て、さらにユダヤ教徒等の経済的支援も得て、一四九二年八月の西インド諸島に向けての出帆にこぎつけるのである。この結びつきのおかげで、フランシスコ修道会は、スペインの新大陸到達当初から他の修道会に先んじて特別な便宜を得ることができた。

他方、イエズス会の方は、フランシスコ修道会から約半世紀遅れて一五七二年、ヌエバ・エスパーニャに進出した。しかし、イエズス会は先行の三修道会とは異なり、当初は伝道活動を始めず、牧畜経営や農場経営に乗り出し、資金を蓄積していった。そして、イエズス会は、一五九二年になって初めて現在のシナロア州に独自の伝道区を設定して布教活動を始めていった(清水 2017, pp.105-118)。その後、イエズス会は、メキシコに限らず、同様の経済基盤をパラグアイからペルー、ボリビア、ブラジル、アルゼンチンにかけて確立し、布教活動を続けていった。筆者が承知しているコロンビアの例では、イエズス会はハベリアーナ大学(Universidad Javeriana)という有名な私立大学を経営しており、その経済基盤がしっかりしていることで知られている。

いろいろな宗派が存在するカトリックの中で、現在に至るまで、イエズス会が積極的な活動を継続しかつその国で影響力を有している大きな理由は、その情報収集力、中長期的戦略(計画性)と財政基盤重視であることを痛感した。

一九八〇年代後半、筆者は香港を訪ねたついでに、当時はポルトガル領であったマカオに立ち寄ったことがある。マカオの第一の観光スポットは世界遺産にも登録されている聖ポール天主堂跡のファサードである。このカテドラルは一六〇二〜一六四〇年にかけてイエズス会によって建設されたが、火災によって正面の壁だけが残っている。このファサードが日本に来て中国で客死したフランシスコ・ザビエルにつながっていると考えただけで非常に感慨深い気持ちになった。

黄金を求めて新大陸である中南米にやってきた先駆者の後から、カトリック宣教師たちが続いた。当時、先住民たちの間には土着の宗教があったが、その後の三百年の間に、キリスト教が中南米に根付いた。これは人的な血筋、言葉、食べ物と同じく、スペインと中南米とを結ぶ大きな絆である。

八　再びコロンブスについての考察

コロンブス一行がアメリカ大陸に到達するに至った要因には、偶然的なものと必然的なものがある。前者は、時のイサベル女王がコロンブスの提案を受けて一四九二年八月三日にスペインのカディスに近いパロス港から三隻のカラベラ船を出すに至るまで支援することを決断した経緯である。一四九一年後半から、イサベルとフェルナンドのカトリック両王は、レコンキスタ(国土回復運動)の締めくくりとして最後のムーア人の砦であるグラナダを攻めていた。長引く戦いになると思いきや、年明けの一月二日、ナスル朝最後の王ムハンマド十二世(ボアブディル)王が降伏し、アルハンブラ宮殿を明け渡した。さらに、カトリック両王はレコンキスタと同じく国土を統一するために、スペイン全土をカトリック教徒で統一することにより国の団結を図ろうとしていた。ユダヤ教徒に対する異端審問と追放もその一環であった。時間的に極めて多忙を極めているイサベル女王にとって、コロンブスの訴えを聞き入れる余裕はなかった状況であったが、いくつかの要素が重なり、コ

100ペセタ上のコロンブス（1940年発行）

ロンブスの願いが実現するに至った。

必然的な要因としては、コロンブス自身の信念と努力を挙げたい。イタリアのジェノバ出身のコロンブスは学問をきちんと修めた訳ではなかったが、若い頃から航海について関心をもっていて実際、船乗り体験もした。当時、ヨーロッパで最も進んだ航海術を学ぶことができる場所であるポルトガルのリスボンに十年滞在した。そして、イベリア半島を南下してインドに到達するのではなく、西に航海すればジパングにたどり着くという信念を有していた。この信念を実現させるべく、コロンブスは諦めずに、最初はポルトガル王、そして次にはイサベル女王への働きかけを続けた。リスボンに辿り着いた理由は、コロンブスが乗っていたジェノバの船が海賊に攻撃されて沈没し、そこから波に任せて泳いだりしてポルトガルの海岸に着いた。これは偶然というか運命のいたずらによるものであろう。しかし、コロンブスはリスボンについてから航海についての経験を積み、前述のインドへの新航路発見に大変な情熱を持ち続けたのである(メルツァー1992, pp.66-98)。

歴史における if(もしも)という問いかけは無意味な場合とそうでない場合がある。十五世紀後半から一六世紀にかけて航海術が著しく発展したため、多くのヨーロッパ人探検家がアフリカ、アジア、南北アメリカ大陸を目指した。新大陸についていえば、同じくジェノバ出身のカボットは、一四九七年、イギリス王ヘンリー七世の公認の下、ブリストル港商人の資金によって大西洋を横断し、北アメリカのニューファンドランドに到達した。従って、仮にコロンブスの航海が何らかの理由で実現していなかったとしても、ヨーロッパの国の支援を受けた誰かが新大陸に上陸していたことであろう。その場合、スペインと中南米とのつながりができなかった可能性がある。

第二章　文化的なスペインと中南米

一　風景と街並み

住んでいる場所の景色、風土は当然ながらそこに住む人たちの生活、考え方に大きな影響を与える。例えば、他のヨーロッパ人がスペインの風景をどのようにとらえていたのだろうか。

一九二九年十月、チェッコのジャーナリスト・エッセイストであるカレル・チャペック（Karel Čapek）はスペインを旅行した。そのスペイン旅行記の冒頭部分を見てみよう。彼は、カスティーリャ地方の赤茶けた大地にただ吃驚している。

「ある朝、わたしは、峰に朝日が昇るのを見るため、いつもより早起きしようと決心した。目に映るのは、ただ赤い暁の光の縞の下にある、褐色の地肌もあらわな、ごつい平らな土地だった。やがて、もう一度目をさまし、（列車の）窓ごしに外を見たとき、わたしは、熱病にかかったのではなく、それまでとは別の土地にいるのだということがわかった。その土地とは、ピレネーの南の異郷、アフリカなのである」（チャペック 2007, pp.29-30）

筆者自身、スペインでの研修のために初めて飛行機でマドリードのバラハス空港に近づいたとき、上空から見た景色のことを覚えている。茶色の大地に、ただオリーブの木らしきものが点々と続いていた。

勿論、イベリア半島の景色は多様であり、バスク地方のように緑がいっぱいで、日本の景色に似たところもあれば、アンダルシア地方の海岸近くは山が迫っており、それはそれでまた、別の景色である。しかし、チャペックが最初に抱いた、カスティーリャ地方の赤茶けた大地というスペインの強烈な印象は筆者としても十分理解できる。この景色は他のヨーロッパでは見られない。

中南米の景色の全てを承知している訳ではないし、中南米を代表する景色がどれであるのか説明するのも容易ではない。ただ、スペインを代表する一つの風景がカスティーリャ地方の台地であるとして、これと同じように中南米を代表する景色をもった地域はなかなか見つけにくい。広大な中南米の景色は多様性に富んでいる。アルゼンチン南部パタゴニアの荒廃した厳しい平原をバスで移動したが、それはカスティーリャの風景ではなかった。

スペインの中央部はマドリードやサラマンカも含めて、ともかく乾燥している。スペインの若い女性は、外見とは全くかけ離れて、ガラガラ声の人が多い。スペイン中央部のメセタ（台地）は乾燥しており、また、スペイン語にはアラビア語の影響もありアルファベットのJ（ホータ）など破裂した発音が多く、喉を酷使するのでガラガラ声になった、というもっともらしい説明をサラマンカで聞かされた。

スペインと中南米との間で、風景の共通点について議論することにはかなり無理があるが、街並みについて比較することはできる。

一五二五年、コロンビアのカリブ海沿岸でスペイン人が初めて建設した町はサンタ・マルタである。カテドラルが街の中心にあり、アンダルシア地方の街と雰囲気は全く同じであった。また、サンタ・マルタから二二〇キロのところにあるカルタヘナの中心部の街並みは当初の美しいままで残っており、これまたスペインの街並みそっくりであった。征服者ヒメネス・デ・ケサーダがマグダレナ川沿いに探検し、一五三八年、二六〇〇メートルの高さにある広大な土地に建設したボゴタの街はさすがに周辺の地形に影響されてスペインの街並みと比較はできなかった。

一五三七年、パラグアイのほとりにスペイン人により建設されたアスンシオンの街の中心部はやはりスペインの街と言っても通用する眺めであった。一方、南米のパリと称賛され、大通りがいくつか貫いているブエノスアイレスの街は、形容するのがなかなか難しい。パリ的な要素もあればスペインの街のような感じもする。ヨーロッパのいろいろな国からからやってきた移民の影響であろうか。

いずれにしても、コロンブスのアメリカ大陸到達以降、中南米でスペインの建築技術をもとにスペイン人により建設された街は当然のことながら似通ったところがある。これらの植民都市では、街の中心部に大聖堂(カテドラル)と政庁などの公共建造物に囲まれた中央広場(プラサ・マヨール)が配置され、そこから街路が碁盤の目のように規則正しく伸びている。このような画一的な都市になったのは、新大陸でスペイン王室の勅令に基づいた都市計画に従って都市が建設されたからである。一方、ポルトガル領で建設された都市は、スペイン領の都市ほどの画一的な規則性をもっていない(国本 2001, pp.64-65)。

今度は中南米の都市の地名に注目してみたい。スペイン本土の地名がどの程度中南米地域に残っているか、またどの国に大きな影響を与えているのか調べてみた。メキシコの例と、筆者の勤務経験のあるアルゼンチン及びコロンビアとを比較してみたい。メキシコにはスペインの都市名が非常に多く存在する。León、Salamanca、Zaragoza、Mérida、Monterrey、Compostela などである。一方、アルゼンチンの場合は Córdoba、Santa Cruz、コロンビアについては Cartagena、Córdoba、Santander などがある。コルテスによるメキシコ征服の後に、先ずは距離的に近く一度の船旅で渡航可能で豊かなメキシコに、スペインから植民者ないし移民が殺到したように思われる。いずれにしても、スペインからの植民者・移民が自分たちの出身地の地名を新大陸の移住先につけたのは自然な流れであろう。

筆者がスペイン語研修で過ごしたサラマンカ、友人がいたため頻繁に訪れたセビーリャ、街全体が古くなりかけているが全体として雰囲気があるブエノスアイレス——それぞれに趣きがあって筆者の好きな街である。

ここで、スペインのアンダルシア州都であるセビーリャと、コロンビアのカリブ海に面した良港であるカルタヘナを詳細に比較してみたい。

後述するように、セビーリャはスペインの新大陸に向けての征服者・植民者が船出した街である。旧市街の中心にあるのはセビーリャ大聖堂とアルカサル(王宮)である。十五世紀に完成した大聖堂は世界で三番目に大きい広さを有しており、ゴシック様式を呈している。内部の壁面にはムリーリョの絵が飾られており、コロンブスの棺が安置されている。隣には高さ九八メートルにもなるヒラルダ塔、そして中庭にはオリーブの木が植えられている。このヒラルダの塔は十二世紀末に建てられた回教寺院の一部であった。

アルカサルの外壁と入口(セビーリャ)

アルカサルの外壁はむき出しの切り石で作られており、中世的な景観を呈している。アルカサルはムーア人の建築家により十三世紀後半に建てられ、ムデハル様式で統一されている。アルカサル内部には、イサベル女王がコロンブスを謁見した間が保存されている。中心部から少し離れたところに、昔のタバコ工場を改築したセビーリャ大学がある。セビーリャは海に直接面していないが、街の中を大河グアダルキビルが流れており、そこから地中海・大西洋につながっている。セビーリャの街を歩くと、何となく、新大陸につながっているように感じた。

大聖堂と街並み（カルタヘナ）

コロンビアのカルタヘナはCartagena de Indiasが正式名称であり、アジアに到達したと信じていたコロンブスの気持ちが街の名前にインディアスという形で残っている。カルタヘナはカリブ海に面し、二つの入り江のおかげで天然の良港となっている。一五三三年に設立されたカルタヘナは要塞を備えた港町である。サン・フェリッペ城と呼ばれる要塞は、海岸沿いの小高い丘の上にある。ペルーの銀は本国に送られる前、一時的にこのカルタヘナに保管されていた。金銀は海賊に狙われていたため、常に安全を確保する必要があった。

カルタヘナ旧市街の中心には大聖堂Iglesia Santa Catalina de Alexandriaが垂直にそびえたっている。そこからは道路がまっすぐ伸びており、両側には植民地時代の洒落た建物が残されている。また、近くには異端審問博物館がある。

このカルタヘナの旧市街を歩いていて「スペイン」を感じた。その意味で、カルタヘナとセビーリャの旧市街は、街の景観に加え、雰囲気的にも非常に似通ったところがある。

二　スペイン美術の中南米への影響ありや？

スペイン美術はアルタミラの洞窟壁画、西ゴート美術から始まりコルドバのメスキータに代表されるイスラム・スペイン美術、そしてアストゥリアス美術やモサラベ美術を経て、ロマネスク美術、そして後期中世のゴシック美術につながっていく。また、後期中世には、イスラム建築の伝統を受け継ぐムデハル美術も栄えた。近世になってからは、ゴシックからルネサンスへゆるやかに移行し、スペイン独特のマニエリスム、そして十七世紀にバロック時代が幕開けする。この長い、かつ力強いスペイン美術の流れがどれほど中南米の美術に影響を与えたのか、筆者は長い間疑問を持っていた。

十七世紀のスペイン人による新大陸への移民・入植の時代、主として植民地建設の関係者やキリスト教の伝道師たちが大西洋を渡っていった。そして、教会や一般家屋の建築過程において、当時のバロック美術が中南米に伝えられた。いわゆる中南米バロックである。当時、セビーリャは新大陸への出発拠点であったため、バロックの彫刻や建築の中で、セビーリャ派の与えた影響は大きかったと言われる。これら中南米バロック様式が残っている一般家屋を中南米諸国で見つけることは難しいが、少なくともいくつかの教会建築には残っている。

ここで、スペインのバロック彫刻と南米パラグアイとのつながりについて述べる。スペイン美術の黄金時代ともいわれるバロックは、絵画だけでなく彫刻によっても支えられていた。その主な特徴は、テーマが宗教的なものにほぼ限られていること、彩色木彫が主流であること、自然主義的な表現が際立つことの三点である。これらの聖像は聖堂の祭壇や宗教行列の山車のためにつくられ、時には絵画以上の迫力をもって民衆を圧倒し、彼らの信仰心を鼓舞した。その制作は、彫刻家が像を形作ったあとに画家が着彩するという分業で進められ、場合によっては、クリスタルや象牙が眼や歯としてはめこまれ、毛髪がつけられ、さらに衣装が着せられる。特に「キリストの受難」像や

馬蹄形アーチ（コルドバのメスキータ内部）

「悲しみの聖母マリア」像は人気を博した。スペイン・バロック彫刻の主な制作地は、北部の古都バリャドリードと南部の大都市セビーリャであった。筆者は、二〇〇〇年代前半、バリャドリードの国立彫刻美術館を訪問した際に、一七世紀初頭にグレゴリオ・フェルナンデスが制作したピエタ像の迫力に圧倒されたことを記憶している（大高 2018, pp.237-240）。

一方、「パラグアイにおけるグアラニー語とイエズス会」のところで、現地グアラニー族とイエズス会の宣教師たちが作った布教村について述べた。ここでは布教のために多くの宗教上の彫刻が使われたが、それらの多くは、パラグアイのイタプア県にある、いくつかのバロック美術宗教博物館に展示されている。二〇〇八年、筆者

はそのうちの一つ、サン・イグナシオにあるバロック美術宗教博物館(Museo Diocesano de Arte Barroco en San Ignacio Guazú)を訪問した。ほぼ全てが木彫であり、彩色がほどこされているが、出来具合はバリャドリードの彫刻美術館とは比較にならないくらい素朴で、かつ中には幼稚なものもあった。はるばるスペインから新大陸に伝わったキリスト教が、ここではイエズス会宣教師たちによって伝道され、信者たちの手で制作されたイエス像・マリア像などがそのまま残されている。時空を超えたスペインと中南米とのつながりの存在を感じざるを得なかった。

半円形アーチ（ブルゴス近郊のサン・ニコラス教会）

サラマンカ大学に留学していた時、同じ大学寮の友人がスペイン美術史の授業を担当していたため、彼の授業を聞きにいった。中身の大半は忘れたが、印象深く覚えているのはムデハルという建築様式である。ムデハル様式とは、レコンキスタの後、残留イスラム教徒の建築様式とキリスト教建築様式が融合したスタイルのことである。

象徴的であるのは、カテドラル・教会にあるアーチの形である。Arco de herradura（馬蹄形アーチ）といって、上部が半円よりも少し下でくびれている。この様式はやがてMedio-puntoという半円形のアーチに引き継がれる。筆者は、スペインではコルドバのメスキータなどで観察されるこの馬蹄形アーチ様式を中南米の教会で見たことがなかったため、ムデハル様式は中南米には伝わっていないものと長い間信じていた。ところが、最近、それが間違いであることを知った。チリの美術史研究者は、セビーリャ王宮に見られるムデハル様式の天井が、リマのサンフランシスコ修道院の天井、あるいはボゴタのサンフランシスコ教会の格間天井、同じくチリ・サンチアゴのサンフランシスコ教会の格間天井に見られると指摘している。[1]

三　言語・方言の観点からの分析

次に、スペイン語の用法の観点から、スペインと中南米を比較してみたい。

中南米のスペイン語といっても、発音・文法・語彙のすべてにおいて、スペイン対中南米の二つに分かれる訳ではない。また、中南米のスペイン語も一枚岩ではなく、地域によって大きな差が見られる。

スペイン本国に決して見られない中南米のスペイン語の特徴の一つは「二人称の表し方」である。スペインでは親しい間柄について、tutear（という二人称の用法）を使うが、中南米地域のうち、アルゼンチン、ウルグアイ、パラグアイ、中米諸国ではtutear（tuteo）の代わりにvos（voseo）を使う。さらに中南米全体において、スペインでの「二人称複数」であるvosotrosという語は存在しない。

このvosという代名詞は中南米で発明されたものでなく、スペイン本国の古語である。中世のスペインで二人称代名詞の複数形はvosであった。ところが当初、単独の相手に敬称の意味で用いられたvosは、近世になってから敬称の度合いが薄れ、単に二人称単数として使われ始め、これが中南米に伝わった。ただ、スペイン植民地時代に副王領が置かれたメキシコやペルーにおいては交易などでスペイン本国と頻繁な接触があり、vosの用法は残らなかったが、アルゼンチンや中米などでvosは残った、という説明が有力である(岡本2018, pp.61-65)。

一部の中米・カリブ地域では、相手に何か問いただすときに、"¿Mande?"(直訳すれば、「命令してください」の意味であるが、中南米では、単に「何ですか」という意味)という表現を使う。本来は、命令する立場にあるご主人様に対して女中が質した表現であろう。筆者のスペイン滞在中に、スペイン女性と中南米女性との口論に遭遇したことがある。スペイン女性がこの"¿Mande?"を例に出して、中南米のスペイン語には「奴隷」の名残があると詰問調で言っていたことが印象的であった。

スペインのスペイン語と中南米のスペイン語の語彙と発音の違いについて一定の規則性を見つけ出すのは難しい。しかしながら、移民の出身地に着目すれば、ある程度のことは推測できる。例えば、チリのスペイン語は語尾のsないしd、zの発音を省く傾向がある。これは、当初、チリへの移民の大半がアンダルシア地方の貧しい移民であったということにより説明できる。

ジャガイモについてスペインではpatataと言うのに対し、中南米ではpapaを使う。同じく、スペインのzumo(ジュース)に対しては中南米ではjugoを使う。若い時にスペインに留学してスペイン語を習った日本人研修生が後日、仕事の関係で中南米に行き、カフェテリアなどで「zumo de narranja(オレンジジュース)をお願いします」と言って(更に、zの発音については舌を噛んだthの音を出して)注文すると、この人はスペインでスペイン語を習ったことが直ちにバレてしまう。

別の例として、交通渋滞に対応するスペイン語について述べる。スペインでの表現はatascoであるに対し、中南米では国、地域によって異なる。アルゼンチンではembotellamiento、コロンビアではtrancónという単語を使う。さらにアパートについての表現は、スペインでpisoと言うのに対し、中南米ではapartamento、departamentoを使う。"coger"(取る、つかむ)という動詞の使い方が制限されるか否かによっても中南米は分かれる。アルゼンチン、パラグアイ等の南米大陸の南では"coger"は禁句であるが、コロンビアではスペインと同様に全く問題がない。

このように、語彙についてのスペイン・中南米比較は果てしなく続く。筆者の友人の指摘によれば、中南米地域では、現在完了をほとんど使わずに単純過去を使う。しかし、スペインでは、¿Has terminado?(もう君は終わったの?)¿Habeis comido?(君たちは食べたの?)など現在完了の表現が圧倒的に多い。さらに、中南米のスペイン語の中で、最もスペインのスペイン語に近いといわれるコロンビアにおいては、接続法(subjuntivo)の使用が極めて頻繁であることに気が付いた。一例として、Cuando vengas, te voy a explicar.(君が来た時に説明するよ)という表現がある。逆に中米地域あたりの、特に余り教育を受けていない人々のスペイン語には接続法の使用頻度が極めて低いようであったとの印象を筆者は有している。

スペイン人の友人宅を訪ねた時に、"Aquí tienes tu casa."(ここは君の家だと思ってくつろいでください)、また、帰り際にも同じセリフをよく聞かされた。帰る際は、(ここは君の家だからまた来てください)という意味になる。これはスペインに特有のおもてなしの表現であり、中南米ではそれほど頻繁に聞かなかった。一方、中南米では、"A sus ordenes."(あなたの命令どおりにします、何でもおっしゃってください)の表現を頻繁に聞く機会があった。これは、初対面の相手からも聞かされる言葉である。後者の表現は、前述の"¿Mande?"と同じく、スペインの植民地であった中南米の名残であろう。

十九世紀の帝国主義者による植民地化の動きとスペイン語との関係については既に述べたが、ここで再度強調したい。イスパノアメリカが一九世紀の帝国主義諸勢力によって分断されて第二のアフリカになる事態が避けられたのは、スペイン語という共有の歴史的基盤があったからとも言える(ピコン＝サラス 1973, pp.54-55)。

四　スペイン語の語源についての考察

スペイン語の話が出たついでに、筆者が長らく持っていた疑問について言及する。同じヨーロッパ系の言語である英語には be 動詞、フランス語には être の一つしかないのに、どうしてスペイン語の場合、estar と ser の二つに分かれているのか。因みに、同じラテン語系のイタリア語には、スペイン語同様に essere、stare、また、ポルトガル語には ser、estar の区別がある。
スペイン語入門講座では、「estar は状態を示す動詞、ser は性質を表す動詞です、この二つを正しく使い分けることはスペイン語の基本なので注意してください。」と教えている。
estar の語源はラテン語の stare につながっており、原義は「立つ」である。この「立つ」に関係する派生語は、estado（状態、州、国家）、estación（駅、季節、滞在場所）、estancia（滞在）などとなる。
一方の ser はラテン語の sedere（座っている）に由来する。正に「立っている」を意味する stare とは反対の意味になっている。この「座っている」に関係する派生語は、sedimento（沈殿物）、sede（本部）、asiento（座席）などがある。
ラテン語にはそもそも状態・存在を表す動詞 stare と、性質を表す動詞 ser の区別があり、イタリア語、スペイン語、ポルトガル語にはその違いがそのまま残ったが、フランス語には être しか残らなかった。筆者は言語学者でないのでこれ以上の説明はできない。
本件についてはその後少し進展があった。ラテン系の言語の中で、フランス語はイタリア語・スペイン語・ポルトガル語のグループと明らかに一線を画する。その第一の理由は、フランス語の文章においてのみ主語が不可欠となる点である。第二の理由は、前述のとおり、être で状態、性質の両方を表し、スペイン語等のように、estar、ser の区別がないことである。フランス語に長く関わっている知人と意見交換したところ、フランス語では再帰動詞をやたらに使うそうである。具体例として s'amuser（楽しむ）、se lever（起きる）、se coucher（寝る）、s'occuper（忙しい状態に保つ）などを挙げる。これら再帰動詞の頻繁な使用により、スペイン語の estar の役割をある程度カバーしているのではないか、というのが我々素人言語学者の取り取えずの結論であった。

一方、八世紀から十五世紀まで約八百年の間イベリア半島に滞在したムーア人の影響で、スペイン語にはアラビア語の影響が大きく残っていることは知られている。しかし、それよりも前に、ゲルマン民族がイベリア半島に侵入した影響で、スペイン語にはゲルマン語の影響が残っている。四〇九年、ヴァンダル族が、続いてアラン族とスェヴィ族がピレネー山脈を越えてイベリア半島に侵入した。これがイベリア半島に最初に到来したゲルマン民族である。四一五年、西ゴート族がイベリア半島にやってきてローマ帝国と同盟を結んだ。西ゴート族は先着のゲルマン民族を駆逐し、四一八年、ガリア(現在のフランス)のトゥルーズを首都として西ゴート王国を建設した。ところが、支配者である西ゴート族は母語のゴート語を放棄し、ラテン語を話すようになった。このため、イベリア半島のラテン語に対してゴート語が与えた影響は少ししか残っていない。いくつか例示する。

イベリア半島のラテン語に見られるゴート語の影響(カッコ内は特記しない限りゴート語)
guardia「警備」(wardja「見張り」：英語 ward と同根)
espia「スパイ」(spaiha「スパイ」：英語 spy と同根)
tregua「休戦」(triggwa「条約」)

brote「芽」(brut「芽」)
tapa「蓋」(tappa「栓」：英語 tap と同根)
ganar「稼ぐ」(ganan「欲しがる」)
rico「金持ちの、美味しい」(reiks「権力のある」：英語 rich と同根)

(岡本 2011, pp.1-26, pp.76-79)

やはりバランスをとる意味からも、アラビア語がスペイン語の語彙に与えた影響について簡単に言及する。Al はアラビア語の定冠詞なので、al がそのまま冒頭に残った単語が多い。また、自然科学や農作物の分野でアラビア語生まれの語彙が多いことに気がつく。スペイン語の語彙の一一パーセントはアラビア語に起源を有しており、アラビア語起源の言葉なくしてスペイン語は成立しない、と研修地のサラマンカ大学で教えられた。

アラビア語を起源とするスペイン語
[自然科学]alquimia(錬金術)、álgebra(代数学)、alcohol(アルコール)、cifra(数字)、cerro(ゼロ)
[家具・建築・衣類]alfombra(絨毯)、almohada(クッション)、alcoba(寝室)、gabán(外套)
[農作物]azúcar(砂糖)、arroz(米)、algodón(綿)、jazmín(ジャスミン)、naranja(オレンジ)、sandía(スイカ)、zanahoria(ニンジン)

［経済・商業］aduana（税関）、almacén（倉庫）、tarifa（料金）
［軍事・政治］alcalde（市長）、alcázar（王宮）、hazaña（手柄）
［余興］ajedrez（チェス）、tambor（太鼓）

（岡本 2018, pp.20-21）

このように、スペイン語という一つの言語の由来を遡ることは興味深いが、全体像を把握することはなかなか大変である。従って、中南米のスペイン語が各地域でどのように変化し、どのように発展していったかを理論立てて説明することはさらに至難の業である。

語源の話をさらに発展させる。イベロアメリカの「イベロ：ibero」は当然、イベリア半島から来ている。このイベリアの語源については諸説が存在する。古代ギリシャ人が半島の先住民をイベレスと呼んでいたことがイベリア半島の名称の由来といわれている。では、どうしてイベレスという名前が存在したのか。筆者のスペイン滞在中、高校でスペイン語・スペイン文学を教えている知人に聞いたところ、現在のモロッコの東とチュニジアあたりに、昔、イベロ族が住んでいた、イベリアの名称はこのイベロ族に由来する、というのである。この説明を聞いてもっともらしいと感じた。

第三章　スペイン、中南米諸国のそれぞれの相手に対する感情

一　スペイン在住の日本人及びスペイン知識層の中南米に対する見方

ここで、スペインと中南米との関係について、スペイン在住の日本人識者の見解を紹介したい。筆者の知人である市川秋子氏は、長年、スペインのバルセロナに住んでおり、翻訳・文筆活動をされている。筆者が本エッセイの途中稿を送付してコメントを求めたところ、彼女は気づきの点を次のとおり筆者に伝えてくれた。本人の了解を得て、このコメントをお伝えする。

「中南米諸国とスペインの関係について考える場合、私たちは無意識のうちに、あるいはごく当然のように中南米諸国が独立した十九世紀以降の思考の枠組みを用いて考えていると想像するが、実は、スペインと中南米との関係はそれより三百年も以前に遡る現実が存在する。

十六世紀にスペインが新大陸で征服した地域は、スペインの「植民地」と呼ばれ、スペイン語でも colonia の語が使われないこともないが、個人的にはいつも違和感を持っていた。日本語で「植民地」というと、どうしてもイギリスやオランダの植民地経営を思い浮かべるが、それと比べた場

合、スペインにとっての中南米領土は植民地でなくスペイン王国の延長、スペイン王国の一部そのものであったのではないかと捉えていたような気がする。

実際、コンキスタドールたちが征服した新大陸の領土の統治は、最初からスペイン王国の事業として位置づけられていた。資源の採掘や通商関係など経済的利益だけが目的だったのではない。先住民であるインディオとスペインからの入植者から成る新しい社会はどうあるべきか、どのような政治形態がふさわしく、またそのためにどのような法制度が必要か、そういったことが非常に早い段階から大きな課題として認識されていた。

同じように、新大陸のインディオはスペイン国王の臣民として扱われた。国王の最大の使命は、インディオを労働力として搾取し金銀を手に入れることでなく、彼らにキリスト教を伝えることだったのであるが、このこと一つをとっても当時のスペイン王国がインディオという存在を『人間以下のもの』としてではなく、あくまで同じ人間としての尊厳を持つ存在と捉えていたことが明らかであろう。彼らの権利を定めるため神学者や法学者が集められ、議論を重ね、世界初の国際人権法ともいわれるブルゴス法(Leyes de Burgos)を始めとする様々な法が制定されたのである。

もちろん、スペイン国王の目が直接届かない遠いところでインディオたちが不当な扱いを受けたことも知られているが、王国の方針は常にそれを戒め、インディオが正しい扱いを受けるよう努めることであった。これは、ちょうどスペイン(厳密にはカスティーリャとアラゴンだが)でも国王の権威が強化され、王権によって貴族の横暴を裁くメカニズムが確立してきた歴史と並行するようにも思える。

　スペインと中南米との関係は、残念ながら未だに『黒い伝説』のプリズムによって歪め毒されることが多い。今日では歴史研究の成果を振り返るまでもなく、『黒い伝説』がいかに事実に基づかないものかは十分知られているはずである。またこの伝説は理論的にも矛盾だらけで、唯一一貫しているのは〝スペインへの憎悪と侮蔑〟の一点に尽きる。とすると、なぜ今でもこんな伝説が歴史的コンテクストを離れ、脈絡もなく神出鬼没に現れては、人々の考え方や世論形成に多大な影響を与えるのか？　むしろそれこそが問題ではないか。

　中南米各国の独立について考察する。独立戦争の歴史をわずかに辿ってみるだけでも、〝本国の抑圧と差別に対する植民地の独立の戦い〟といった単純な図式があてはまらないことが理解できる。当時はフランスで始まった革命がヨーロッパ全体に広がっていた時代であるが、この革命の文脈の中に中南米独立を位置づけなければならないと考える。中南米の現地にはスペインの伝統的な王政(Monarquía hispánica)への忠誠を最後まで守り戦った軍人たちが存在した。一方、革命から生まれたスペインのリベラル派(liberales)として現地のリベラル達と一緒に独立(言い換えれば、スペインの王政の解体)に寄与した軍人たちもいた。スペインに一時勤務していたサンマルティン将軍は後者の典型かも知れない。彼は中南米独立の英雄だが、スペイン側の立場からは裏切者であるとの見方も存在する。もっとも、サンマルティンは、革命に翻弄され、自らも最後はフランスに亡命するなど時代の急激な流れに裏切られた当時の多くの軍人の一人だったのかも知れない。

もう一人の独立の英雄シモン・ボリバルについて言及する。ボリバルは一般にスペインで『裏切り者』『謀反人』と見られているわけではなく、むしろ敬意をもって扱われている。フランコ時代の一九七〇年にはマドリッドでボリバル像の除幕式が行われたが、当時の外務大臣やコロンビアやベネズエラの代表が出席する大がかりなものであった。スペイン国王も公式のスピーチの中でボリバルを称える発言を行ったりしている。これは、スペインが中南米独立の歴史を受け入れ、ボリバルらを歴史上の重要人物ととらえ、また独立後に生まれた中南米各国とのつながりを大切にしていることの証ではないだろうか。

中南米の独立とは、実はスペインvs植民地ではなく、伝統的なスペイン王政vs革命派（フランス革命思想から生まれたリベラル派）の戦いであった。中南米の独立戦争において、スペインの弱体化を狙う英国の〝協力〟（あるいは干渉）が重要な要素であったという側面にも考慮する必要がある。

このように考えれば、独立は本当に当時の中南米の人々の間で広く希求されたものであったのか、あるいは、一部の政治エリート（リベラル派）だけのものであったのではないか、という問題意識も芽生えてくる。

二百年の年月を遡って、あたかも中南米諸国の独立という事実がなかったかのように歴史をやり直すことはできない。しかし、現在、中南米各国のスペインに対する恨みや憎しみをあえて煽ることは、広いスペイン語圏の人々にとって不自然かつ人為的な行為であり、決して誰のためにもならないのではないかと私は感じている。

一方、スペインからの独立によって生まれた中南米各国にとっては、自分たちの祖国の起源にまつわる〝物語〟が必要であり、それが〝宗主国スペインの軛からの解放の物語〟になってしまったのだと思われる。さらにインディヘニスモの立場からは、新大陸発見以前の失われた楽園としてのインディオ社会と一九世紀の独立との間に横たわるスペイン統治時代は必然的に暗黒時代でなければならない。その結果、三百年にわたるスペイン帝国副王領時代に形成された統治機構、法制度、社会経済的な発展、そして何よりも文化面精神面の遺産は評価されなくなってしまう。独立後の中南米各国でも内戦、経済的衰退、政治不安定、インディオの虐殺などが起こるが、その責任までもが過去のスペイン統治に押し付けられ、それがスペインに対する反感を駆り立てる、そんな悪循環から抜け出せないのは、誰にとっても不幸なことでしかない。

外国人である私のような者から見れば、独立から二百年たった今日においても、スペイン人や中南米の人々の心の奥深くには、スペイン語とカトリック的な世界観に基づく非常に強い絆、一体感がごく自然な形で存在している。この考え方に対しては、それは中南米諸国の独自性を認めないスペイン中心の見方であると言われるかも知れないが、あえて誤解を恐れずに言えば、イスパノアメリカ圏の人々は、今は政治的には全く別の複数の主権国家に属しているが、実は一つの同胞であるように思えてくる。これ自体は本当に素晴らしいことではないだろうか。

中南米では、子どもたちに至るまで、スペインが私たちの黄金を全部盗んでしまったと信じ込んでいるようである。これは、恐らく歴史的事実をきちんと踏まえた上でのことではなく、もはや一種の口癖のような表現として、深く考えることなく一般に流布していることではないか、という気もしてくる。

中南米がスペイン王国だった時代に採掘された金銀はごく一部であり、それもすべてがヨーロッパに運ばれたわけでなく、南米の発展のために使われたり、現在も大量の埋蔵量が残っていると聞いている。昔、イベリア半島は鉱物の宝庫であったが、ローマ帝国時代にすっかり採り尽くされてしまった。それならば、スペインは古代ローマ帝国(現在のイタリア)を非難し、現在のスペインが抱えている問題の責任を古代ローマに押し付ければよい、とは誰も考えないであろう。」

以上の市川氏の鋭い分析により、①中南米は他の英、仏などの植民地とは大きく異なった性格を有していること、②「黒い伝説」の問題はそれほど単純ではない、③スペインと中南米は、ある意味で一つの大きな同胞の集団を構成していること、が分かってきた。

引き続いて今度は、スペインの知識層が中南米、ラテンアメリカをどう見ているのか、筆者のサラマンカ時代からの友人であり、セビーリャ大学文学部のイタリア語学科教授であるマヌエル・カレーラ(Manuel Carrera)氏のコメントを紹介したい。これは市川氏のコメントと重なる部分があることを承知の上で、敢えてお伝えする。

「スペイン人は一般的に中南米諸国に対して、他の国々に対するものとは比較にならないほどの親近感・親愛感(un sentimiento de cercanía y simpatía)を抱いている。その理由としては以下の三つが挙げられる。

［歴史的な理由］

スペインはアメリカ大陸を発見《ママ》してこれを最初に植民地化した国であった。二百年近く前まで、中南米の国々の大半はスペイン帝国に属していたこともあり、一四九二年から独立に至るまでの間、スペインとの政治的・歴史的なつながりは非常に強いものであった。スペインの学校では、スペインの歴史で最も重要な出来事の一つはアメリカ大陸の発見であると教えられている。従って、スペインの子供・若者たちに対する教育の中で、アメリカ大陸はずっと存在し続けている。今日においても、スペインの新聞は、他のヨーロッパ諸国のニュースよりも中南米諸国からのニュースに対してより注意を払っている。

歴史的にスペインとアメリカ大陸との間で大きな人の流れがあった。スペイン人は先ず発見者・征服者として、そして後の十九世紀・二十世紀初めに多くの人がより良い仕事の機会を求めてアメリカ大陸に渡った。また、スペインに内戦が勃発しその他の問題があった時には政治亡命者としてアメリカに行った。一方、中南米からは、仕事あるいは政治亡命という同じような理由でスペインにやってきた。

［言語的・文化的な理由］

スペインは中南米にスペイン語を持っていった。今では米国の南からチリやアルゼンチンの南端までスペイン語が使われている。マドリードからチリまでの一一時間の飛行時間、そして飛行機を降りても、私の住んでいるセビーリャから外に出ていないかのように、人々とスペイン語で会話できることに私はいつも驚いている。同じ言葉を話すことで親近感を強く感じることができる。同じ言葉を話すために多くの文化的な面で共通性が生まれてくる。中南米の子供たちはスペインの子供たちと同じ詩や文学作品を読んでいる。これは、スペイン人とイタリア人との間で感じる親近感よりもはるかに強い文化的・感情的な親しみである。中南米の人たちはスペインの詩や文学を読み、我々スペイン人は中南米の詩や文学を読んでいる。

この言語・文化面での近さは音楽の世界でも当てはまる。スペインの歌手は中南米のスペイン語圏で非常に有名になったりする。またこれとは逆に、中南米の歌手がスペインで多くのレコードを売り上げ、ラジオ放送を通じて大変有名になったりする。

スペインの闘牛士たちはスペインの夏に活動を終えた後、次の闘牛シーズンが始まるまで中南米に渡って各都市で闘牛士の仕事をしている。闘牛の世界ではこのような交流が未だに続いている。

中南米の多くの都市は Valladolid, Mérida, Madrid, Barcelona などスペインの都市と同じ名前を受け継いでいる。また中南米のかなり多くの人たちが Ramírez, González, Fernández といった、スペイン人と同じ苗字を持っている。そしてこれらのことが、歴史上異なった場所に分散した民族のように、スペインと中南米との間に親近感、兄弟同士のような感情を醸成している。

［家族のつながり］

ほとんど全てのスペイン人は中南米、特にキューバやベネズエラなどに近い親戚を持っている。

これは、二十世紀に中南米へ向けてスペインから大きな移民の流れがあったことの結果である。そして、私自身、ベネズエラのカラカスに叔父やいとこが何人かいて、彼らとは同じチャットのグループに入っており、かなり頻繁にチャットでのおしゃべりをしている。

勿論、スペイン人が全ての中南米の国々に対して同じような親近感を抱いている訳ではない。より身近に感じている国々はメキシコ、ベネズエラ、キューバやアルゼンチンであり、ボリビアやグアテマラなどの国は人口の多くを先住民が占めていることもあり、スペイン人にとってそれ程知られていない。後者の国々は非常に貧困であり、スペインから余り移民を受け入れなかった。なお、ブラジルはポルトガル語の国であるが、スペインの隣国ポルトガルとの関係やエキゾチックな雰囲気がするので、スペイン人からはかなりの親近感をもって見られている。」

以上のカレーラ教授の分析の中で、スペインの子供たちが早い段階でコロンブスのアメリカ大陸発見を学び、中南米の子供たちと同じ詩や文学作品を読んでいるという具体例について興味深く感じた。

二　中南米人のスペインに対する見方・感情

次に、筆者の友人で元アルゼンチン外交官であるアレハンドロ（Alejandro）の見方を紹介する。彼の祖父母はイタリアからの移民であるので、当然、イタリアとのつながりが強い。

「アルゼンチン人の大半はイタリア、スペイン、ドイツなどからの移民出身であり、各個人によってスペインに対する感情は異なる。しかしながら、アルゼンチン人のスペインに対する気持ちは、一般的に強い帰属意識(una estrecha pertenencia)を持っている。アルゼンチン人は、他の南米あるいは中米出身のアメリカ人と比較しても、スペイン人に対してより強い共通性・親しみを感じている(あるいは感じたいと思っている)と言える。

過去の外交官時代の経験から言えば、自分(アレハンドロ)は、アルゼンチン人がスペインを代表するいくつかの行為に対して表した、愛情あふれる、特に熱狂的な歓迎ぶりを何度か目の当たりにした。例えば、スペイン国王夫妻がアルゼンチンを訪問したときの心優しい大歓迎が一例である。また、アルゼンチンの学生にとって、スペインの大学で勉強できることは大きな自慢の種である。私の青春時代、バルセロナ出身の歌手・作曲家であるジョアン・マヌエル・セラト(2)(Joan Manuel Serrat)が活躍したが、彼は真に我々にとってアイドルであった。このように人気のある活動・パフォーマンスからスポーツに至るまで、スペインはアルゼンチン人の心の片隅を占めている。

レベルは少し違うが、アルゼンチンの軍政時代、スペインは多くのアルゼンチン政治亡命者を寛大に受け入れてくれた。また、アルゼンチン経済が不況である直近の三十年間、多くのアルゼンチン人にとって、スペインは将来の夢に向けて活動する機会を与えてくれた。というのも、スペインの血縁主義法(Jus sanguinis)により、海外でスペイン人の子供ないし孫として生まれた者はスペイン人と見なされるという血統主義の法律が存在するからである。このため、多数のアルゼンチン人が祖先の国籍を選択してスペインに移住した。

スペインでアルゼンチン人が歓迎される背景として次の点が挙げられる。

a　民族・人種的に近いこと

b　文化面、言語面（アクセントは違う）での共通性

c　教育レベルがある程度高いこと

d　社会的・労働的な環境に素早く対応できる能力があること

信じがたいかも知れないが、アルゼンチン人は移住した場合、その移住先では実用的に振る舞い、法律を破ったり、自分の育った国では特有のインチキをしたりしない。

最後に、多くのアルゼンチン政治家は、あの有名なモンクロア協定（一九七七年、スペインのフランコ体制から王政復古する段階で結ばれた合意。全ての政治関係者の間で、スペインを再生させるための経済的・社会的な合意）を、数十年前からアルゼンチン社会を分断している無気力・不振から抜け出すことのできるための手本と見なしている。

重要なことを言い忘れた。残り多くのラテンアメリカの人たちは、おそらくウルグアイ人と一部のチリ人を除いては、スペインに対して、アルゼンチン人と同じような好意的な感情を持っていない。一般に多くの中南米の人たちは、コロンブスのアメリカ大陸到達以前の文化に強いアイデンティティを感じており、スペインに対しては別の目で見ているからである。」

アレハンドロのスペインに対する気持ちは好意的なものであり、おそらく、多くのアルゼンチン人の意見を代表するものであろう。ただ、彼が最後に強調しているように、残りの中南米の人たち

のスペインに対する感情は全く違ってくる。

続いて、パリ在住のコロンビア人国際政治学者であるリナ・マリア(Lina María)の見解を紹介したい。

「一般化することは危険であり、コロンビア人全体のスペインに対する見方をまとめて表現することも難しい。この前提の上で、次のように三つの切り口で整理して述べたい。

①スペインに亡命ないし移住したコロンビア人の見方

かなり多くのコロンビア人が主として文筆活動を理由に麻薬関係者やゲリラから脅迫・暴力を受けたため、スペインに亡命した。彼らは軍政時代のアルゼンチン人やチリ人と同じく、スペインによって受け入れられた。従って、これらコロンビア人亡命者にとってスペインは第二の祖国であり、スペインとの絆は非常に強い。

他方で、一九九〇年代後半、国内の暴力や経済的な不公平に嫌気がさしたコロンビア中産階級の一部は、米国への移住が困難であったため、EUの中で唯一スペイン語を話すスペインへ移住した。ただ、当時はコロンビアと麻薬のイメージが強く結びついていたので、彼らの多くはスペイン人から不信感をもって受け入れられた。勿論、一部のコロンビア人は運よく安定的な仕事に出会っていい扱いを受けることができた。従って、スペインに渡ったコロンビア人のスペインに対する気持ちは、その当事者がスペインでどのような扱いを受けたかに大きく依存しており、一般化することはできない。

②コロンビアに住んでいるコロンビア人のスペインに対する見方

一般のコロンビア人にとって、スペインは多くの流血事件を引き起こし、現地に住んでいた先住民の大半をカトリックに強制的に改宗させた植民地時代の過去に結びつく。即ち、スペイン人は略奪、虐待、不信と同義語である。そして、スペイン人がインディオたちを服従させ、人口を減少させ、社会を階級化させ、植民地経済に基づいた職業体系を確立したため、これらが後の独立運動の萌芽につながってくる。一八一〇年の独立前後、一部の知識人たちはフランスの例を参考にして共和制を求め、かつそれに見合った憲法を準備しようとした。しかし、当時、エンコミエンダ制などスペインの制度に基づいた社会が既に根付いていたため、このような進歩的な憲法・共和政はコロンビアでは実現しなかった。

③自分(リナ)自身の経験に基づいた対スペイン観

最後に私自身の経験を教育面に焦点を当てて述べる。私の娘がこのパリで二年間、スペイン系インターナショナルの学校で勉強した。このインターナショナル校の関係で優しいスペイン人とも出会ったし、その内の一部の人とは未だにお付き合いをしている。しかしながら、学校のレベルという点では、私はコロンビア・ボゴタの学校を評価する。ボゴタの学校の方が勉強についてより厳しく、かつ、今日の世界で要求されていることに対応していると感じている。私も含めて一般のコロンビア人は、スペインの教育レベルについて、米国、フランス、ドイツ等の大学と比較してそれほど高いとは思っていない。」

以上、リナの分析は、アレハンドロほど諸手を挙げてスペインに対する好感情を表明していない。彼女の個人的な体験に基づいているところがあるのであろう。

三　今でもスペインに対する恨み、反感ありや?

これまでは、スペインに対するかなり好意的な中南米人の反応を紹介した。しかし、植民地時代にスペインが中南米で侵したことに対し、謝罪すべしとの強い声も存在する。二〇一九年三月、メキシコのアンドレス・ロペス＝オブラドール(Andrés López Obrador)大統領は、一五一九年から三百年続いたスペイン統治時代の暴虐に対する謝罪をスペイン国王とローマ教皇に書簡で求めた。この書簡内容が公開されたために、メキシコでは今でも熱い議論が続いている。以下はメキシコのスプトニク誌(Sputnik Magazine, México)に掲載されたエドゥアルド・バウティスタ(Eduardo Bautista)氏の記事である。(3)

「植民地主義と汚職：AMLO(ロペス＝オブラドール)がメキシコとスペインとの間に、ちょっと待って(una pausa)をした理由

メキシコを植民地にした過去に対する歴史的な恨みと近年スペイン企業による汚職行為の疑いが生じている状況の中で、メキシコとスペインの間で外交的な緊張が走っている。特に両国間の関係は、アンドレス・ロペス＝オブラドール大統領が二〇一八年に就任してから風向きが変わった。そ

れ以降、メキシコのスペインに対する敵対的立場がはっきりしたものとなり、もはやIBERDROLA、OHLやREPSOL(4)のようなスペイン企業が契約を獲得するために、ラテンアメリカの国で都合よく利益を得ることは許されない。その上、すべてが経済問題に限られている訳ではない。スプトニク誌がインタビューした専門家は、両国の過去という問題がその根底にあると見ている。歴史的視点を通じて、現代のメキシコ人とスペイン人とのつながりを理解できることもある。そして、その視点は特別なものでもない。メキシコ大学院大学の歴史家であるロレンソ・マイヤー氏(Lorenzo Meyer)は次のように指摘している。『ラテンアメリカでスペインの存在は一般に肯定的なものである。しかし、メキシコの観点からは、スペインの存在はマイナスである。現在、過去に対する二つの見方が衝突している。ロペス＝オブラドールは現在を理解するために過去に訴えようとしている』。

メキシコ大統領がスペインとの外交・通商関係において少し立ち止まることを示唆して以来、両国間の緊張が高まっている。その理由は、建築及びエネルギー部門のスペイン企業がメキシコで儲けるために有利に振る舞っているからである」

さらにスプトニク誌は、「スペインはラテンアメリカの国にその過去を謝罪すべきか」という問いに関連して、読者のコメントを多く掲載している。そのうちバランスがとれていて参考になる意見を一つ紹介したい。ペルー在住のアギラール氏(男性)のコメントである。

「スペインに対する感情はさまざまであり、個人次第である。恨みという一般化された感情は存在しないし、スペインが親戚である、またはスペインに対する感謝の気持ちも存在しない。スペインによる新大陸の征服が諸悪の根源である、と考えている人もいれば、ラテンアメリカ文化の根本はスペインであると考える人もいる。また、残りの多くの人々にとって、今やスペインは無関心の対象である。私が確信をもって言えること、それは、スペインがその文化をラテンアメリカに提供したのではない。それぞれの国が伝統を守り、その文化を育てたのである。」

メキシコとスペインの二国間関係の歴史から少し論点を掘り下げてみたい。

メキシコが独立して以降の墨西関係には紆余曲折があったが、新大陸におけるスペインの存在に終止符を打ったのは、米西戦争での敗北を受けて一八九八年十二月に調印されたパリ条約で、スペインが最後の植民地であるキューバとプエルト・リコを失ってからである。米国はキューバを保護国化し、プエルト・リコを併合して、カリブ海での支配権を確立した。以降、メキシコは米国と直接向き合わざるを得ない立場に追い込まれた。二十世紀になってからの最初の十年間、時のメキシコ政権は米国の方を向いて外交を調整する状況に追い込まれた。スペインとしてはかかるメキシコの対米接近について懸念を表明しながらも、一九〇六年のアルヘシラス会議開催に象徴されるように、スペインの関心事は先ず西地中海であった。そして、メキシコ革命の勃発によりメキシコ・スペイン関係は劇的に優先度が低いものとなった(Pi-Suñer y Sánchez 2001 pp.299-305)。(メキシコ外交については第四章(三)を参照いただきたい)。

確かに、メキシコ人の対スペイン観はアルゼンチン人やコロンビア人のそれと異なっている。これまで筆者が出会ったメキシコ人はスペインに対して母国と感じていない人が多かったように思われる。

四　国連の場で観察したスペインと中南米のつながり

筆者の国連での個人的な体験を述べる。一九九〇年代後半、国際連合日本政府代表部で勤務したときは、予算・行財政問題を扱う第五委員会の仕事をしていた。

確か一九九七年十二月末、次期国連加盟国の分担率を巡って、EUグループ、途上国を代表するG77、米国、日本などが激しく対立したが、最終的にはクリスマス直前に何とか妥協点に到達した。その時、筆者は第五委員会本会議（非公式会合は通訳サービスがないため、通常、作業言語は英語となる）においてスペイン語で演説し、その中で、今から考えれば少し気障な感じがするが、スペインの詩人アントニオ・マチャード（Antonio Machado）の〝Caminante（旅人）〟という詩の一部を引用した。

Caminante no hay camino, se hace camino al andar.（旅人よ、前に道はないのだ。道は君が歩いたあとに作られる……）。この筆者の発言の後にキューバ代表が直ちに反応し、日本の第五委員会代表である筆者に対して好意的な演説をしてくれた。恐らく彼女も昔、学校でこのマチャードの有名な詩を学んだので懐かしく感じたに違いない。この〝カミナンテ〟事件の後、筆者は第五委員会のGU

LAC（中南米グループ）に特別メンバーとして受け入れられて公私ともに彼らと親しくお付き合いすることができた。スペインと中南米との「詩のつながり」のお陰で筆者の国連での人脈が広がった。

国連第五委員会でのGULAC（ラテンアメリカ・カリブグループ）の動きをつぶさに観察して気が付いたことがある。賢さと行動力ゆえに目立ったのは、キューバ、メキシコ、そしてブラジルの三カ国代表であった。当時、米国による対キューバ禁輸措置が継続されていたこともあり、キューバ代表は機会あるごとに雄弁力としつこさでアメリカを非難しつづけていた。ブラジル代表はスペイン語ではなく英語で発言し（ポルトガル語は国連の公用語となっていない）、自国の立場を論理的に主張するとともに、場合によっては残りのラテンアメリカ諸国に気に入れられるようなずる賢いとも思われる発言をしていた。こうした動きの中で、メキシコ代表はともかく中南米の代表はメキシコであるが如く、時にはキューバの反米国スピーチに同調し、またある時には中南米の小国に配慮したような気配り的な発言をしていた。今から思い起こせば、メキシコ外交のしたたかさが国連の場で十二分に発揮されていた訳である。

スペインのGULACにおける立場は微妙であった。すなわち、スペイン外交はEUの枠組みの中でその動きが縛られるため、表立ったことはできなかった。しかしながら、スペイン代表は名誉GULACメンバーとでもいった感じで、中南米関係者の非公式の打ち合わせ、あるいは社交の場で神出鬼没的な動きをしていた。正に言葉のつながり故のスペイン代表の活躍であったと直感した。

五　日系アルゼンチン人の見方、そして南米における日系人

以上をまとめた後に、中南米とスペインとの関係について日系アルゼンチン人の知り合いと意見交換する機会があった。アルベルト・マツモト氏は首都ブエノスアイレス市北部の、花卉栽培で知られているエスコバル(Escobar)出身であり、小中学校の教育はエスコバルで受けて、大学での勉強のためブエノスアイレスに出てきた。現在は横浜に在住である。以下はアルベルト氏の説明である。

「自分たちは小中学校で、スペインはMadre Patria(母国)であると教えられた。コロンブスのアメリカ大陸『発見』を中心にいろいろ学んだが、スペインに対するネガティブなことはほとんど聞いたことがない。左翼系のアルフォンシン(Raúl Alfonsín)政権(一九八三年十二月から八九年七月まで大統領を務めた)になってからは、進歩的ないし左翼の教員が小中学校で教えるようになったので、スペインのネガティブなイメージが教室で教えられたかも知れない。しかし、自分の世代まではスペインに対して悪い話はほとんど聞かなかった。勿論、自分は日系アルゼンチン人であるので、常に頭の中にはアルゼンチンと日本があった。普段、スペインについて余り想いを巡らすことはなかった。」

因みに、アルゼンチンの日系人一世は、洗濯屋あるいは花卉栽培で地道な仕事をして周りのアルゼンチン人からの信用を獲得した。そして子供達に教育の機会を十分与えた結果、二世・三世は弁

護士、医者・歯科医など社会の中で尊敬される職業に就くようになった。
カレーラ教授の話と併せて考えれば、やはり重要なポイントは小中学校での教育である。そこで叩き込まれる中南米、あるいはスペインに対する印象がそのまま残ることとなる。

日系アルゼンチン人の話が出たついでに、パラグアイの日系人について説明する。パラグアイへの日系人移住は一九三六年のラ・コルメナへの移住が最初である。ラ・コルメナは首都アスンシオンの東南一三〇キロのパラグアリ県に位置する。そして、第二次大戦後の一九五三年、イタプア県エンカルナシオンの東北一八キロにあるチャベスへの入植が始まり、移住事業は大きく動き出した。その後、パラナ川沿いのラ・パス、ピラポ、イグアス、そしてブラジルと陸続きのアマンバイへの集団移住が続くこととなる。日系人がパラグアイの荒れ地に初めて移住してきたとき、先ず取り組んだことは原生林を斧で伐採して自分たちの住む家を建て、農業をするための田畑を切り開くことであった。しかしその次に彼らは、学校を建て、移住者の中で教員免許を持っている人を探して、移住者子弟のための学校を開くことに取り組んだ。当初は、激しい伐採作業のあと、月の光が差し込む掘っ立て小屋で暗いランプの灯りを頼りに家族全員が寄り添って明日の営農計画を相談するという生活であったが、一九七三年、転機が訪れた。大豆の価格が急騰し、急速に作付面積が増えていった。機械化も導入されて日系移住地の生活が激変した。今やパラナ川沿いの日系パラグアイ人の収入は地域のパラグアイ人の平均収入の四〜五倍に上ると聞かされた。その出発点は移住者一世の努力で始まった学校教育である（吉田 2002, pp.22-25）。

筆者は仕事の関係でこれら日系人の人たちといろいろなテーマについて意見交換をする機会があった。彼らの頭の中は常にパラグアイと日系移住地（日本）という二つのテーマで一杯であった。スペインと中南米とのつながりについて議論した記憶はない。

パラグアイ日系移住地の地図

続いて、「パラグアイ　赤土に生きる」の著者である佐藤道子氏の経験に言及する。一九六〇年、佐藤氏は八歳のとき、両親ほか家族とともに岩手県からパラグアイのピラポに移住した。あるぜんちな丸で、横浜からロサンゼルス、レシフェ、サントス、ブエノスアイレスまで四五日間の船旅であり、そこからは船と列車を乗り継いでパラグアイのエンカルナシオンに到着し、トラックでようやく入植地のピラポに辿り着いた。さらに、現地では日本で想像できないような厳しい自然と出会い、同じ移住者同士で助け合いながら、少しずつ生活を切り開いていった。十六世紀にスペインから中南米に移住したスペイン人たちの苦労については全く想像するしかないが、この日本人の南米移住と似通った苦労があったのではないかと直感した。佐藤氏の著書より、移住当初の苦労を綴った部分を引用する。「日本からの視察者たちは、帰国してそのレポートに『土地は肥沃で何でも播けば採れる。南米パラグアイは素晴らしい国だ』と報告していた。確かに移住初期は無肥料、無農薬で何でも採れた。しかし、害虫、獣害、おまけに人災、盗み。そして農業に最も大切な気象条件が、どれほど開拓者を苦しめたことであろうか。干ばつ、長雨、霜、寒波、ひょう。だれも教えてくれなかったこれらを一つひとつ自分自身で学びとっていかなければならなかった。」(佐藤 2000, p.46)

中南米諸国における日系人の存在は、日本外交の大きなアセット(財産)である。中南米における日系人の数はブラジルの一九〇万人が突出しており、その後にペルー(一〇万人)、アルゼンチン(六万五千人)、メキシコ(二万人)、ボリビア(一万四千人)、パラグアイ(一万人)と続く。各地の日系人の事情はさまざまであるが、筆者が感じた最大の問題は世代交代である。パラグアイのように比較的日本語教育がしっかりしている移住地においても、三世・四世にまで世代が進めば日本語が話せる日系人の数が減少していく。

中南米地域での日系人事情と、本書のテーマである中南米とスペインとの絆を比較した場合、最大の違いは言語である。中南米地域のどこに行ってもスペイン語が通じるという事実は非常に心強い。カレーラ教授が正しく指摘しているところである。

第四章　メキシコという特異な存在、征服者とクリオージョ

一　中南米のなかで特異なメキシコ

これまで、中南米の主としてアルゼンチン、パラグアイ、コロンビアといった国々とスペインとのつながりを考察してきた。しかし、中米の大国メキシコについても言及しないとバランス上片手落ちになるので、この国のことについても触れてみたい。メキシコの場合は、残りの中南米諸国と少し違っているように感じている。

中南米諸国の大半は、十九世紀初めに独立して以降、国内の政治的な対立ないし内戦、そして近隣国との戦争を経験した。ただ、これらの出来事はその国を根本から変えたという状況ではなかった。その意味で、宗主国スペインとの関係もそれなりに連続的に続いた。唯一の例外はメキシコである。

一九一〇年から一九一七年にかけて、メキシコでは革命が起きた。メキシコ革命は、フランス革命、辛亥革命、ロシア革命などとよく比較されるが、これら三つの大革命が王朝を倒した革命であ

ったのに対して、メキシコの場合は異なる。「メキシコ革命」は公正で平等な社会建設を目指したものであり、三五年間続いたポルフィリオ・ディアス独裁体制(一八七六〜一九一一年)に対する民主化の要求から始まった。独裁者を追放した後は民主的な憲法を制定し、これら護憲派勢力が、土地を求める農民と劣悪な条件のもとで働く労働者を取り込む中で次第に過激化し、七年にわたる権力闘争と内戦を経て「メキシコ革命」を成就させた。

メキシコは一八二一年の独立以降も政治が安定せず、経済混乱が続いた。世俗的な権力と教会の対立も続いた。一八七六年、クーデタにより実権を掌握したポルフィリオ・ディアス政権は外国資本を受け入れて急速な経済成長を遂げた。その結果、外国資本と提携した一部のメキシコ人と層の薄い中間層だけが経済繁栄を享受し、残りの九〇パーセント近くは厳しい労働条件で働かされ、貧困を余儀なくされていたことが背景にある。

一九一六年に召集された憲法制定議会は、独裁者の再現を阻止するための「大統領再選絶対禁止」条項を盛り込み、経済社会を根本的に変革するための条文を激しい議論の末に成立させた。この革命憲法の第二七条は、土地と地下資源の根源的所有権の国家帰属を明記しており、第一二三条は労働者の権利と保護に関する事項を詳細に規定した(国本 2011, pp.42-45)。

このように、現代メキシコの出発点は「メキシコ革命」であり、スペインからの独立以降続いた流れとは非連続である。後述のとおり、メキシコが国際政治分野でスペインと対等に渡り合ったりするのも「メキシコ革命」のイデオロギーが影響しているのではないかとの見方がある。

二　スペインと、政治亡命先としてのメキシコとの関係

筆者の友人たちのコメントを引用した第三章において、スペインといくつかの中南米諸国（メキシコ、コロンビア、アルゼンチンなど）とは政治亡命という切り口でつながっていることを述べた。政治亡命ということでは、特にメキシコとスペインとの関係が気にかかる。

メキシコは中南米地域の中では大国であり、ブラジルに次ぐ経済力を有している。外交分野では、スペインはEUの枠組みの中でその動きが縛られるため、イスパノアメリカ諸国ではメキシコのリーダーシップが目立つ存在となっている。

一九三九年四月、スペイン内戦がフランコに率いられたナショナリスタ側の勝利に終わった際には、一部の人民戦線側リーダーや共和派のスペイン人たち多数がメキシコに亡命した。その代表格がパッショナリアの愛称で知られるスペイン共産党指導者ドローレス・イバルリ（Dolores Ibárruri）である。彼女はソ連滞在のあとメキシコに移動し、一九七七年、民主化したスペインに帰国した。

一方、二〇一九年十月、ボリビアの前大統領エヴォ・モラーレス（Evo Morales）は大統領選挙後に不正が発覚して軍と国民の支持を失い、同じくメキシコに政治亡命した。これは、国際政治の分野で、スペインと同格であると自負しているメキシコの自信の表れであるかも知れない。なお、その後モラレス前大統領は、左派政権が誕生したアルゼンチンに再亡命し、現在は所属政党が与党になったこともあり、ボリビアに戻って復権している。

スペインとメキシコとの関係はこのように微妙なところがあり、メキシコ勤務経験のない筆者に

とっては想像しえない部分が多々あるように感じている。

ここで、林屋永吉元スペイン大使のメキシコとスペインについての講演録の中から一部抜粋する。林屋大使は戦前戦後と二回スペインに勤務し、またメキシコについても戦後二回勤務するという経歴を持っておられる。

「一九五〇年代初め、自分がメキシコに赴任すると、共和派のスペイン人たちに多く出会った。内戦終結時五〇万人の亡命者が出たが、殆どはフランスへ行き、四〜五万人がメキシコに亡命した。当時のカルデナス・メキシコ大統領は共和政を高く評価した。結局、メキシコは一九七七年までスペインを承認しなかった」(日西クラブ記録 2006.12.1)。

スペイン内戦終結後もスペイン共和派の亡命政府がメキシコにずっと存続し続け、フランコ没後の一九七七年六月のスペイン総選挙の結果を受けてようやくこの亡命政府を解散した経緯がある。スペイン内戦の際にメキシコが亡命者を受け入れた事情について少し掘り下げてみたい。メキシコは亡命の文化を持っていると言われており、ロシアの革命家レオン・トロッキーもメキシコに亡命した。

メキシコは、一九三一年にスペイン共和国が成立したとき直ちに承認しただけでなく、一九三六年から三年間続いた泥沼のような内戦の間、終始ソ連と並んで人民戦線側を物質的に、あるいは思想的に支え続けた唯一の国であった。

メキシコが西側にありながら大々的に共和国政府を援助したのは、いくつかの動機があった。国内で急激に膨れ上がりつつあったファシズム勢力を抑止するため、さらに「メキシコ革命」以来民族自決の原則を標榜し続けてきたメキシコが、近い将来、英米系企業で占められていた石油産業を国有化するにあたって国際社会での合意をとりつける布石とするため、また、国内的には、再び盛んになっていた労働者・人民勢力の支持を失わないためであった。

一九三八年、カルデナス大統領はスペイン戦争の戦災孤児、約五百人を故郷ミチョアカン州に移住させた。さらに一九三九年、共和国政府の敗北が決定的になり何十万のスペイン人がフランスへ流れ込み、強制収容所に集められた。カルデナス政府は直ちにパリへ特使を派遣し、メキシコへ亡命させるスペイン人の人選を行った。人選の基準は、その人が置かれている危険の度合いと、メキシコに貢献し得る知識や技術を持ち合わせているかどうかであった。一九三九年から四二年頃まで続いた受け入れで、二万五千人近くのスペイン人がメキシコに亡命したが、その大部分は、技術者、研究者、大学教授、科学者その他の知識人であった。亡命者はみな進歩的とはいえ、さまざまな思想をもった人々が混じっていた。受け入れ側のメキシコ国内の反応もさまざまであった。これに対してカルデナス大統領は、議会で再度、スペイン人亡命者をメキシコに受け入れることの重要性、有利さを説いた。結果として、これらスペイン人亡命者たちは、学問の分野のみならず、メキシコ国内の各産業、工場、鉱山業界、医学界その他あらゆる分野に新しい頭脳の注入が行われた。メキシコ市内にある有名な「コレヒオ・デ・メヒコ」は彼らが作った大学院である。さらに、スペイン人亡命者による出版活動は大きな意義を持っている。現在のメキシコの代表的な出版社の多くは、スペイン人亡命者が創立したものである。このように、スペイン人亡命者・知識人はメキシコ現代文化の形成に大きな役割を果たした。

カルデナス大統領は正に先見の明を有した比類なき指導者であった。その背景としては、メキシコという国の広大さと豊かさ、また、メキシコ人の寛容さがあったと言える（田辺 1986, pp.125-132）。

三　メキシコ外交――内政不干渉主義と中立外交の伝統

メキシコの話を続ける。

一八二一年の独立後も、メキシコは、スペイン、イギリス、フランスなどからの侵略の脅威を受け続け、「メキシコ・アメリカ戦争（一八四六～四八年）」によって国土の半分をアメリカ合衆国に奪われた。メキシコは、二十世紀に世界の最強国となったアメリカ合衆国と三二〇〇キロメートルに及ぶ国境線を有しており、このアメリカ合衆国からの独立を守り、安全保障を確保することは常に喫緊の課題であった。メキシコが選んだ道は、独立と国家主権の保持、内政不干渉と民族自決の原則を国際協調によって強化保全することであった。二十世紀後半の冷戦時代、中南米地域で左翼政権が誕生したときも、メキシコはそれらの政権を承認した。冷戦時代の一九五九年に米国の御膝元のカリブ海でバティスタ政権を倒したフィデル・カストロのキューバ政府に対してもメキシコは政府承認を行い、また、七三年、チリで選挙により成立したアジェンデ左翼政権を承認した。その後は、クーデタによるアジェンデ政権崩壊後に祖国を追われた多数のチリ知識人亡命者を受け入れた（国本2011, pp.130-133）。

メキシコは常に米国との関係を意識しながらその外交政策を展開する。アメリカの要求に同調せずにメキシコの国益を主張する、一種の中立独自外交である。

四　スペイン人征服者の特徴

ここでスペイン人の征服者（コンキスタドール）たちがどの時代にスペインのどの地方から新大陸のどこへ渡っていったのか非常に気になってきた。ただ、この点については先行研究に頼らざるを得ない。

（1）一四九二年～一五二〇年

コロンブスの新大陸到達からアステカ王国テノチティトラン征服時までのスペインからの移住者は、ピーター・ボイド・ボウマンが試算したところによれば、およそ五五〇〇人である。この中には、カリブ海のエスパニョーラ島（現在のドミニカ共和国とハイチ）を拠点にして、プエルト・リコ、キューバ、ジャマイカ、ティエラ・フィルメ（南米の北部）、パナマ、フロリダへの遠征隊、そしてエルナン・コルテス率いる部隊の兵士たちが含まれている。この間の移住者の数こそ少ないものの、出身地を見ると極めて重要な特徴がある。地方別にみると、最多の移住者を出したのはアンダルシア（二一七二人、39.7%）で、その後一五〇〇年にわたって首位を守り続ける。それに続くのが旧カス

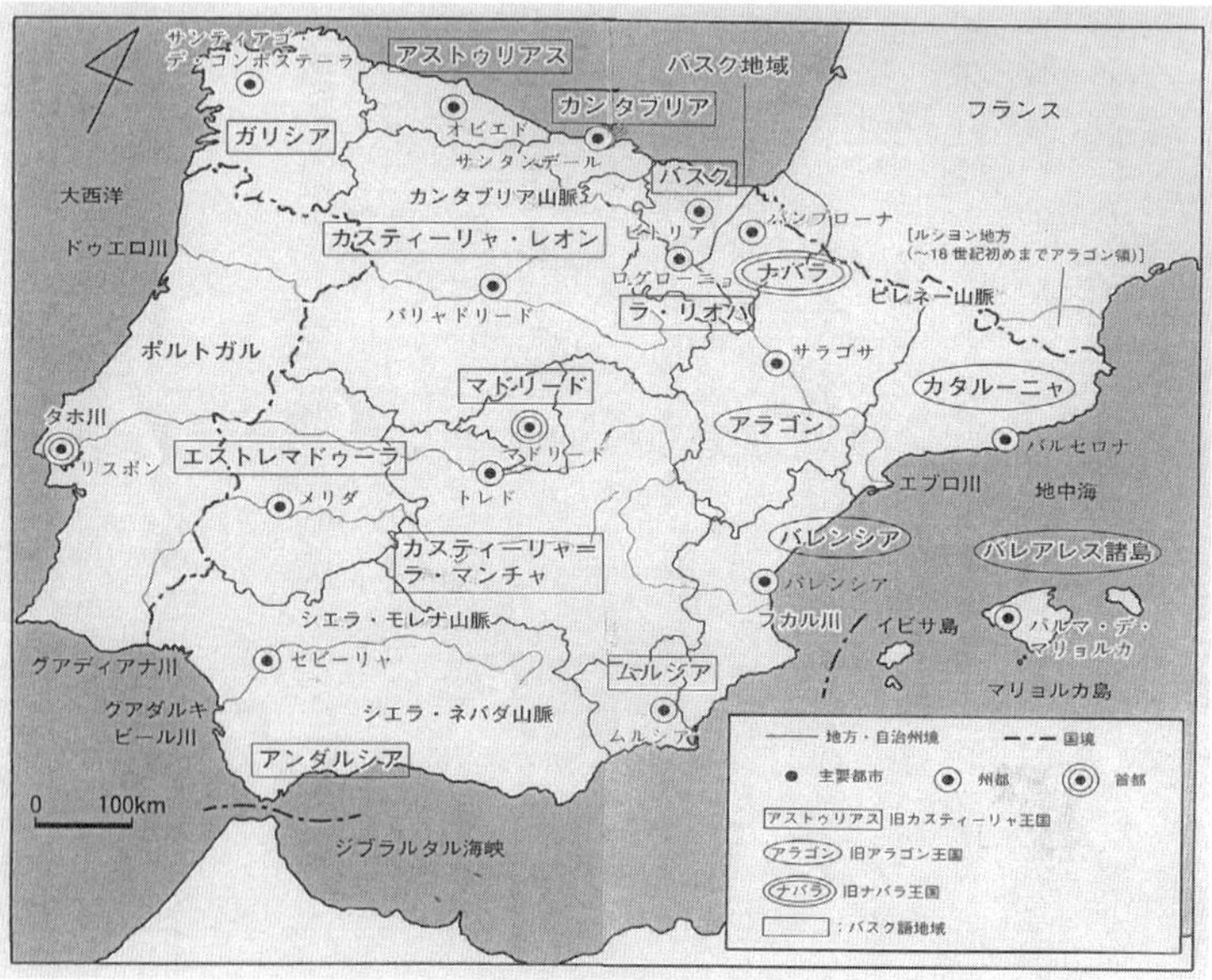

スペインの州別地図

ティーリャ（九八七人、18%）、エストレマドゥーラ（七六九人、14%）、新カスティーリャ（四八三人、8%）である。さらに、レオン出身者が四〇六人（7.5%）で、バスク地方（二五七人、4.4%）、ガリシア（一二一人、2%）が続く。これ以外の地方の出身者と外国人は併せて二九六人（5.5%）である。アンダルシア出身者偏重が注目に値する。スペインのアンダルシアは長期にわたり、最大の移民供給地となり、言語学者や社会学者もこの点に注目している。特に一六世紀の入植者は三人のうち一人はアンダルシア地方、五人に一人はセビーリャ県の出身であった。このため、アメリカ大陸のスペイン語はセビーリャのなまりや表現となった

（デ・ソラーノ 1998, pp.243-244）。

筆者は長い間、中南米のスペイン語はア

ンダルシアのスペイン語であると聞かされていたし、実際そのように感じていた。例えば、チリのスペイン語が早口で語尾のｓ（エス）を飲み込んで省略してしまう喋り方である。この点がしっかりと統計的に証明されていることを知って安堵した。

全体としては、スペイン南部出身の移住者の比率が高かったものの、統治の要職のポストについては、イベリア半島中央部、すなわちカトリック両王以来、政治の中枢機関出身者がなっていた。一四九二年から一五二〇年まで、重要役職者三二人と司令官九三人のうち、四五人がカスティーリャ、二七人がアンダルシア、二四人がエストレマドゥーラ、一七人がレオン、七人がバスクの出身であった。

一五二〇年までの間、新大陸インディアスにおける政治と経済の中心はエスパニョーラ島で、サント・ドミンゴはその中心地であった。この島で、スペイン人は、自分たちの口に合った食用植物が欲しいために、小麦、ブドウ、オリーブなどヨーロッパの食卓に欠かせない食材を栽培し、油脂、乳製品なども植民地の食生活に導入しようとした。あるものは成功し、あるものは失敗した。なかでも、ヨーロッパから連れてこられた家畜類は、その後大型家畜のいない新大陸の牧草地帯で広く繁殖することになった。このエスパニョーラ島での成功が、次の時代に本格的に始まった南米大陸への進出に欠かせない準備過程となった。スペイン人はヨーロッパから感染症を持ち込んだが、植民の過程で、免疫のない先住民は壊滅的な打撃を受けることになり、エスパニョーラ島やアンティール諸島全域においてわずか数十年の間に先住民人口が急減することとなった。

（2）一五二〇年～一五三九年

メキシコが征服されたことに伴い、スペイン植民地の中心はカリブ海のアンティール諸島からメキシコに移った。この二十年の間、渡航者約一万四千人のうち、かなりの数がメキシコへ集中している。渡航先が多様化しても、アンダルシア出身者は依然として多数を占め、四二四七人（32%）であった。続いて、旧カスティーリャ（二三三七人、17.6%）、エストレマドゥーラ（二二〇四人、16.6%）、新カスティーリャ（一五八七人、12%）、レオン（一〇〇四人、7.6%）となる。以下は省略するが、この時代になって初めて、スペインの全ての地方の出身者がアメリカ大陸に渡り、スペインの新大陸での征服・入植事業を支えていくこととなった。また、遠征隊の隊員を募集する際に、部隊長の出身地が重要な吸引力になっている。例えば、エルナンド・デ・ソトがフロリダ遠征隊の隊員を募集した際には、彼の故郷バダホスの出身者が多く加わった。

一五二〇年から二十年間に新大陸でのスペイン領土拡張はさかんに進められた。メキシコの中央高原から北（グアダラハラを中心とするヌエバ・ガリシア）へ、そして南（グアテマラを中心とする中央アメリカ）へと広がった。さらに植民はサンタ・マルタやカルタヘナ・デ・インディアス、パナマから南米へと進み、ペルーやヌエバ・グラナダ（現在のコロンビア、ベネズエラ）の征服・建設に向けて準備が進められていった。なお、植民地建設当時のペルーへの入植者は一二九七人であるが、彼らの出身地の比率はそれまでとは少し異なり、移住者の半数が五つの県（バダホス　一五五人、セビーリャ　一五〇人、カセレス　一一一人、バリャドリード　一〇九人、トレド　一〇〇人）に集中している。

（3）一五四〇年～一五六〇年

一五四〇年以降の移住者は、しっかり根を下ろした植民地社会について情報を得てから渡航してきている。ボイド・ボウマンが一五四〇年から五九年までの移住者を数えたところ、その数は九〇四四人にのぼった。この期間の移住者の半分以上である五五パーセントはこれまでと同じ傾向を示しており、イベリア半島西部の互いに隣接する六つの県、セビーリャ、バダホス、カセレス、トレド、サラマンカ、バリャドリードの出身である。これらの移住者のほか、続々と押し寄せる移住者、アメリカに既に定住している者も加わって、ユカタン、ヌエバ・ビスカヤ（メキシコ北西部）、ヌエボ・メヒコ（合衆国南西部）への遠征軍が編成され、これらの地は徐々に征服されていった。また、南米大陸ではヌエバ・グラナダとキトが征服される一方、ペドロ・デ・バルディビアによりチリの征服事業が始まった（デ・ソラーノ 1998, pp.246-248）。

ここで移住者の出身地であるスペインの南西部の地方事情について言及する。ポルトガル国境に近い西部エストレマドゥーラは南部アンダルシアについで移民・植民者を新大陸に送り出した地方であった。もともとエストレマドゥーラはバレンシアなどと異なり灌漑の施設もなく、荒廃した土地であった。一六世紀以降、男の働き手たちが中南米に渡ることによって、農村の荒廃に更に輪をかけることとなった。程度の差こそあれ、北西部ガリシア地方も十九世紀後半に大量の男の働き手たちが主として中南米に出稼ぎに向かい、地域の発展が遅れた。因みに、キューバのフィデル・カストロ元首相の父親はガリシアのフェロル(Ferrol)出身であることで知られている。新大陸の植民に際し、スペインもそれなりの犠牲を払ったと言える。

キューバについては、その後カタルーニャ地方との関係が深まることになる。スペインが新大陸に対する植民地化事業を開始した当初、セビーリャやカディスが交易の中心であり、地中海世界に属するカタルーニャの商人は、イタリア商人などと同じく外国人の扱いであった。しかし、カルロス三世の時代(一七五九~八八年)になるとインディアスとの直接貿易が許可され、カタルーニャからキューバへは主にブランデーやワイン、紙などが輸出され、キューバからは砂糖、タバコ、カカオなどの亜熱帯産品が持ち込まれた。カタルーニャとキューバとの貿易は常にカタルーニャ側の輸入超過になっていたので、この赤字を補填するためにアフリカから奴隷をキューバに運ぶことで帳尻を合わせることができた。十九世紀になってカタルーニャで産業革命が推し進められ、その中心は綿工業であった。そこで、カタルーニャからブランデーやワインを南米(ブエノスアイレス)へ輸出し、そこから奴隷の食糧となる干し肉をキューバに運び、さらにキューバ産砂糖を北米(主としてニューオーリンズ)に持っていき、そこで原綿と交換するという三角貿易が形成された(八嶋 2010, pp.295-299)。

別の観点から征服者が達成しようとした夢の実現の苦労について迫る。征服者と呼ばれたイベリア半島の人たちは、大多数が過剰人口で窮乏している祖国から脱出した貧しい人々であった。スペインではグラナダが陥落し、八世紀にわたったレコンキスタが終結した直後であり、多くの失業兵士が溢れていた。農業も不振であったため、彼らは一攫千金を狙って新大陸に向かった。しかし、こうした征服者たちの大多数は、黄金郷を発見して故郷に錦を飾って帰るという夢を実現することはなかった。莫大な黄金を手に入れた者たちの多くも、長い年月をかけてそれを達成することができた。メキシコを征服したコルテスが新世界へ旅立ったのは十九歳のときであったが、アステカ王国征服の旅を開始したのはそれから一五年後のことであり、その時コルテスは三十四歳になっていた。同じく、ペルーを征服したピサロは、二十二歳の時に大西洋を初めて渡ったが、インカ帝国を征服した時には五十歳になっていた(国本 2001, p.46)。要するに、征服者たちが達成しようとした夢の実現はそれほど生易しいものではなかったということである。

以上のスペイン征服者・移住者の流れと中南米での混血について筆者なりに感じたことがある。筆者は、中南米の人たちとの長い交流において、最初に出会ったときに、先ずは相手の苗字二つを確認するようにした。父方の姓と母方の姓である。例えば、Gustavo García Fernándezであれば、彼の先祖は、父方・母方ともにスペイン系であると納得できる。また、María Salamanca Steinであれば、彼女はスペイン系とドイツ系につながりがあると想像できる。相手の肌の色をじろじろ観察するのは失礼であるが、褐色系であればメスティソ(混血)の可能性があるのかな、と考えたりする。

このようにして、相手の苗字と肌の色を確認すれば、初対面してから五分ないし十分程度で相手のルーツが分かるときがある。さらに親しくなると、コロンビアで知り合ったペルーの外交官のように、「ＤＮＡ鑑定をした結果、私のルーツには先住民インカの血が少しまじっていることが判明した」などと教えてくれたりする。

筆者は、これまで三十年以上の中南米との関わりの中で、千人には到達しないにしても何百人の人たちと会話したであろうか。そして、彼らのルーツについて筆者なりの結論を出した。勿論、統計は取っていないし、偏見も含まれているかも知れないが、敢えてお伝えする。

スペイン人の移住は、エスパニョーラ島やアンティール諸島からメキシコ、ペルー、そして南米の北、そして南米の南と進んでいった訳であるが、混血の度合いが違うことに気が付いた。スペイン人は当初、単身で新大陸に来たこともあり、先住民との混血が進んだ。

コロンブス到達の基点となるエスパニョーラ島やアンティール諸島出身の人たちは、直射日光を浴びている事情もあるがほとんど褐色の肌をしており、スペイン人ないしヨーロッパ系と先住民との混血を基本的なルーツとしている。同じカリブ海であっても、オランダ人やフランス人、英国人、そしてアフリカの人たちもあとからやってきて混血したから複雑化している。

コロンビア、ベネズエラに入ってくるとヨーロッパ並みの白人系の人が増えてくる。因みに、メキシコの人種構成はメスティソ六〇パーセント、先住民三〇パーセント、欧州系九パーセントであるのに対し、コロンビアではメスティソ七五パーセント、欧州系二〇パーセント、アフリカ系四パーセント、先住民一パーセントと欧州系の割合が少し高くなってくる。メキシコの場合、先住民が多く存在したため、アフリカ系の労働力で補完する必要がなかったと言われている。このように混血が進んだ状況のなかで、その他の動きも考慮しなければならない。

ブラジルとカリブ海地域は、ラテンアメリカが四百年間に吸収した黒人奴隷の九割以上を受け入れた(三田 1995, p.17)。パナマ運河の大工事が終了してから黒人系労働者の大半はパナマに残り、また一部は暖かい気候のカリブ海沿岸やコロンビア太平洋岸ブエナヴェントゥーラに移動した。ペルーは一時多くの中国人移民を受け入れた経緯がある。さらに南下して、アルゼンチンやウルグアイあたりに行くと、白人の国になる。アルゼンチンの人種構成において白人系九七パーセントとなった理由は、スペイン人が移住した時点で先住民が感染症で亡くなったり殺されたりした結果、混血がほとんど進まなかったと聞かされた。アルゼンチンは、その後イタリアからの移民が増えて、イタリア系四割、スペイン系三割という逆転した構成になってしまった。

コロンブス以降の中南米での人種・民族的な発展についてきちんと説明することは容易ではない。ただ、基本的な図式としては、カリブ海、そして副王領のあったメキシコとペルーを中心にスペイン人の移住が始まり、それに伴う先住民との混血が進んだ。従って、移民の時期が遅れた南米大陸南部では、スペイン人と先住民との混血も進まず、そのうちにスペイン以外のヨーロッパ人の移住が増えてきた。

五　クリオージョと混血、先住民

初期にはスペインの征服者・遠征隊・植民者に女性はほとんどいなかったし、その後も女性の移住者は数が少なかったので、スペイン人男性と先住民女性との結婚が珍しくなかった。その結果、幼少時よりスペイン語と先住民語を覚えたメスティソ（mestizo）と呼ばれる混血が現れた。

ここで、中南米特有のクリオージョ（criollo）とメスティソとの違いを述べる。クリオージョは植民地であるイベロアメリカで生まれた白人の子供であるが、混血を意味するメスティソは植民地社会にいる白人、黒人、先住民の間で生まれた混血である。従って、混血児（父親がスペイン人、母親が先住民ないしその他の出身）が外見上、色が白ければ白人として扱われ、クリオージョとなる。一八一〇年前後に中南米でいくつかの植民地がスペインより独立した際に中心となったのはこのクリオージョたちである。中南米においても、ペルーのように混血の度合いが高い国と、アルゼンチンのようにスペイン・イタリア系白人が大半を占める国との違いがある。ここでは、ペルーに焦点を当ててみたい。

ペルーの現在の人口は三二九七万人（二〇二〇年）であり、特に都市部の人口は急激に伸びている。人口構成比は先住民四五パーセント、先住民と白人との混血であるメスティソ三七パーセント、白人一五パーセント、その他三パーセントである。その他の中には日系人及び中国系を含む東洋系、黒人が含まれる。ペルーの場合、他の中南米の国と比較して先住民の割合が高いのが特徴である。

ペルーの自然環境は、太平洋岸から内陸部に向けてコスタ、シエラ、セルバの三つの地域に大別できて、その区分が単に自然環境のみならず、社会・文化的区分にも対応している。アンデス山脈が縦断するシエラは農業地帯であり、先住民が住んでいて大半はケチュア語を話す。一方、コスタ地域には、ペルーの政治・経済の中心であるリマが位置しており、白人、メスティソの人口が多い。また、アンデス山脈の東斜面に広がる熱帯雨林のセルバ地域は人口密度が低い地域である。インカ帝国時代にも多様な民族が小集団に分かれてセルバに住み、インカの勢力下には入らなかった。

このペルーでは、アンデス地域であるシエラと、リマを中心としたコスタとの関係が常に重要視されてきた。今日リマとシエラとの関係は、植民地時代の宗主国スペインと被植民地との関係を縮図にしたようなものであり、ペルーの独立の主軸となったのは、シエラに住んでいる先住民の人たちでなく、コスタに住んでいるクリオージョたちであった。植民地時代、支配のピラミッドの頂点にいたのは、本国スペインから来た白人のペニンスラール(イベリア半島人の意味)であった。彼らがいなくなって、ペルーの独立が達成された。

インディオ(先住民)とメスティソとの境界線の問題は、ペルーの場合、非常に興味深い。現在、ペルーの先住民の大半はケチュア語を話すが、そこにケチュア族という民族集団がある訳ではない。先住民の場合、彼らが住んでいる(あるいはリマに移住してきた場合は出身の)アンデスの具体的な地方・村が彼らのアイデンティティとなる。スペインによる征服以降、ペルーでは混血が進み、誰が先住民であり、誰がメスティソであるかを客観的な身体的特徴に基づいて判断することは難しい。両親がケチュア語のみを話す先住民であっても、子供たちが学校教育を通じてスペイン語を学びかつ話していれば子供たちは統計上、メスティソとして分類される。さらに統計上のみならず、社会の内部において、スペイン語を学んで高等教育を受け、富や地位を得て社会的上昇を果たした場合は、たとえ両親が先住民であってもメスティソとして分類される（細谷 2012, pp.234-235）。

このように、ペルー社会における先住民とメスティソとの境界線の議論は、民族学のみならず文化的要素が加わってくるので、一般化することは難しい。

ラテンアメリカ全体を人種構成の観点から整理すると、次の六つのグループに分類できる。結論として、ヨーロッパやアフリカから大量の移民が到達した結果、アメリカ大陸は純粋なモンゴロイド系の世界から、最も人種的に混じり合った大陸に変わったと言える（三田 1995, pp.19-20）。

①先住民人口の割合が高い：グアテマラ、エクアドル、ペルー、ボリビア
②メスティソ人口の割合が高い：メキシコ、ホンジュラス、ニカラグア、エルサルバドル、コロンビア、ベネズエラ、チリ、パラグアイ
③黒人の混血人口が多い：パナマ、ドミニカ共和国。コロンビア、ベネズエラ、ホンジュラスの海岸地帯、ニカラグアの一部
④住民のほとんどが黒人：ハイチ
⑤先住民と黒人、白人が混淆：ブラジル
⑥ヨーロッパ系の白人人口が多い：アルゼンチン、ウルグアイ、コスタリカ

六　太平洋航路と航海術、船舶と造船業

一六世紀後半になるとスペインの影響力はメキシコからさらに太平洋に及ぶようになった。ここで、メキシコとフィリピンを結ぶ太平洋航路について言及したい。

コロンブスのエスパニョーラ島到達以降、一五〇〇年代前半にかけて、スペイン人による新大陸征服ないし侵入が続いた。バルボアによるパナマ到達(一五〇九年)、ベラスケスによるキューバ征服(一五一一年)、コルテスによるメキシコ征服(一五一九年)である。マゼラン一行による世界周航の達成(一五二二年)についても、マゼラン自身はポルトガル出身であるがスペイン王の命により艦隊を率いたこと、さらに航海途中で死亡したマゼランの後を部下のスペイン人エルカーノが引継いだことにより、この世界一周航海はスペインの事業と見なされている。さらに、ピサロによるペルー征服(一五三四年)、バルディビアによるサンティアゴ到達(一五四一年)が続き、これらを締めくくるのが一五六五年のレガスピによるフィリピン到達である。フィリピンはポルトガルの勢力圏に入っていたが、マゼランが発見したことから、スペインはその領有を強く主張していた。

一五六四年十一月、アウグスティヌス修道会ウルダネータ(Urdaneta)を水先案内人として、ミゲル・ロペス・デ・レガスピ(Miguel López de Legazpi)率いる遠征隊がメキシコ太平洋岸のナビダ港を出発し、三カ月の航海のあと一五六五年二月にフィリピンに到達した。そして同じ年、約四カ月かけてウルダネータがメキシコに帰還することに成功した。メキシコのアカプルコを二月末から三月中旬にかけて出発し、うまく風と海流に乗れば約百日でマニラに到達できる。帰りは七月から一

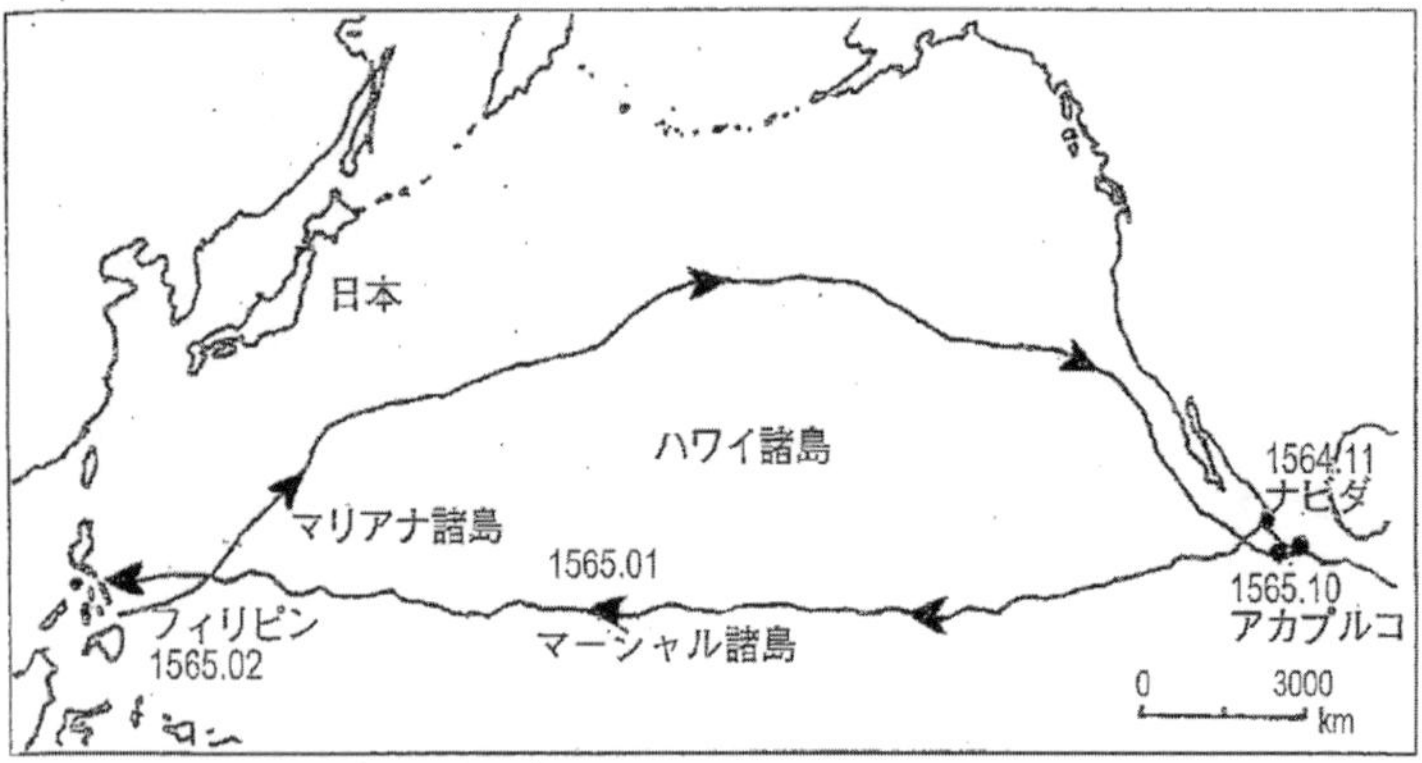

アカプルコ～マニラの太平洋往復航路

月の間にマニラを出発し北上して偏西風に乗ればアカプルコに帰還できる。この太平洋航路はこれ以降一八一五年まで約二百五十年間にわたり、三〇〇トンほどの大型帆船ガレオンにより定期的に人と物の往来が続いた。往路の船は、メキシコ銀や染料のコチニール、ワイン、そしてアジアへのキリスト教伝道目的の修道士たちが運ばれていった。帰路の船では、アジアの絹織物、陶器、胡椒、シナモンなどが新大陸へ運ばれていった。一六一三年の支倉常長による遣欧使節団も正しくこの太平洋航路を利用してアカプルコに上陸した(清水 2017, pp.49-51)。

この航路は往路と復路とでは海流の関係でルートが異なり、復路の場合は北寄りの北緯三五度近くになる。一六〇九年九月、スペイン領フィリピンの臨時総督ドン・ロドリゴら三七三名を乗せた帆船サンフランシスコは千葉県御宿沖で嵐に遭遇して座礁した。この時に御宿の海女たちが自らの体温で温めて遭難者を救出し、これが日墨交流のきっかけとなった。この太平洋航路の確立により、スペインからメキシコへ、メキシコからフィリピンへ、という地球をほぼ三分の二周するルートが出来上がった。

スペイン人の中南米への入植・移民を可能にした大きな要素は、先ず船乗りの人材、そして移動を可能にした当時のスペインの船舶と造船業である。十六世紀初めまでに、遠洋航海用の船舶は二つの類型に発展していた。一つはロング・シップ(スペイン語でガレラ galera)である。ガレラは、地中海及びスカンディナビアの船舶を起源としており、櫂で推進力を得てきわめて機動性が高く、軍船として用いられることが多かった。

ガレラ船

もう一つはラウンド・シップという帆船でありスペイン語でナオ(nao)ないしナビオ(navío)と呼ばれた。ナビオの船体は長さに比して幅広であり、喫水はかなり深い。ガレラと比較すると逆風等の悪条件下では動きが鈍い。ナビオは経費を抑えて大量の積み荷を搬送したい商人が好んで利用していた。ナビオを操縦するのに必要な乗員数はガレラの何分の一かで足りたからである。コロンブスの第一回航海に使用された三隻の帆船はいずれもナビオであった。

ナビオ船

ガレラとナビオとの競争のなかで最終的にはナビオ型の帆船が優位に立つことになった。というのもそれまでのナビオに取り付けられた帆では、船首から風が吹いた場合は何も対応できずに風向きが変わるのを辛抱強く待たざるを得なかった。しかし、アラブ人によりラティン帆が発明されると事態は一変した。ほぼ三角形の帆を船の後ろに取り付けることにより、真正面からの風を除く全ての風に対応できるようになった。このナビオ型の船にラティン帆をはじめて大がかりな形で活用し、成果を上げたのはポルトガル人である。

エンリケ航海王と彼の時代の探検家たちは、カラベラと呼ぶ船でヨーロッパの海外発展の原型を作り上げた。一六世紀末までに、このようなナビオ型の船は、成長期のスペイン帝国のいたるところで建造され活用されていた。そして、西インド航路の積み荷の大半をナビオ船が受け持った。さらに、ナビオに大砲が搭載されるようになり、商人にとっても探検家にとってもガレラよりナビオの方がはっきりと有利であることが明白になった。このナビオ型の船は、舷側が高くて容量が大きく、海上での嵐や高波に耐えられる堅牢さと攻守両用の強さを兼ね備えていた。その後いろいろなナビオ型の船が建造されたが、なかでもガレオン(galeón)は有名である。ガレオン船はかなり大型の舷側が高く二枚ないし三枚の甲板をもつナビオで、十六、十七世紀を通じて西インド航路で用いられた。当時のスペインでは、新大陸との関係の中心はセビーリャであった。グアダルキビル河口にはサンルーカル砂州が存在し、そこを出入りするためには船の大きさに制限があった。一六二八年、西インド航路で用いられる予定の船舶はすべて商船であろうと戦艦であろうと五〇〇トンを超えてはならないと定められた。これは、サンルーカル砂州の存在だけでなく、それ以上の大型船舶であれば、カリブ海の猛烈な熱帯暴風雨でマストを折られるおそれが強かったし、大西洋のひどい荒天であおられることもあった。

スペインの大航海時代を支えた船は、主としてビスカヤ湾に面したカンタブリア沿岸部で造られた。造船業の基地はサンタンデール、ギプスコア、ビスカヤなどである。十七世紀になってから、造船の経費が増大したこと、また、熟練労働者の数が激減したこともあり、スペインの造船業は一時、停滞した。しかし、アメリカ大陸に建設された植民地で、例えばペルー副王領のいくつかの港、現エクアドルのグアヤキルでは造船業が発展を遂げた。また、カリブ海域ではハバナが造船業で最も繁栄を誇る港となった。かくして、スペインの造船業は十八世紀のブルボン王朝のもとにおいて本格的に復興することとなった(クレイトン 1998, pp.167-183)。

いずれにしても、スペインと中南米との絆は、当時は唯一の移動手段であった船、それを建造する造船業、また、船を動かす乗組員の存在なくして成り立たなかったのである。

第五章　文化面からの分析

一　抱擁と祭り、そして踊り

スペインと中南米とのつながりを今度は文化面から議論してみたい。先ずは、アブラソ(abrazo、抱擁の意味。具体的には頬と頬を重ねる行為)、踊りという二つの習慣・文化についてである。

アブラソというのは、日本人が初めてスペイン語圏で生活し始めたときに最初に気付く習慣である。他の民族・人種の間でもアブラソの習慣は存在するが、これはイタリア、フランス、スペイン、ポルトガル、そして中南米地域といったラテン社会全体に広がっている共通の習慣ではないかと感じている。単なる握手よりも頬と頬を重ねることにより、親愛の情、親近感を表現できるということであろう。

アブラソについて、日本人がとまどうのは回数である。スペインでは二回のアブラソが多いと観察した。アルゼンチンでのアブラソは基本的に一回、左側のほほを重ねる。アルゼンチン人の約四割はイタリア移民であるのでイタリアの習慣であるかと思ったが、必ずしもそうではない。一方、大半の中南米では二回のアブラソが普通である。逆に、フランスで多く体験される三回のアブラソ(embrassement)については、中南米ではあまり見られなかった。なお、アブラソは、男女間、女性同士が一般であり、親しい男性同士の場合、お互いに肩をたたきあうのが習慣である。余りしっかりした根拠はないが、このアブラソの習慣はスペインから中南米に伝わったと考えるのが自然であろう。

踊りのテーマに入る前に、中南米の先住民の祭りについて述べる。スペイン人による征服以来、キリスト教を取り入れた祭礼は中南米の各地の村に何らかの形で残っている。毎年十一月一日にスペインを始めヨーロッパのカトリック諸国では"Día de Todos los Santos"(諸聖人の日)の行事が催される。キリスト教徒が迫害されていた時代、多くの殉教者が信仰のために命を失った。八世紀半ば、当時のローマ教皇グレゴリオ三世(在位期間七三一~七四一年)が殉教した聖人たちのために十一月一日をその記念日とした。さらに九世紀になってグレゴリオ四世がこの日を聖人のみならず殉教した全てのキリスト教徒のための日にするように、全カトリック教会に指令を出した。これが「諸聖人の日」の始まりである。スペインではこの日は祭日となり、人々はお花を携えてお墓参りにいったりする。マドリードでは、ウェソス・デ・サント(Huesos de santo:直訳すれば、聖人の骨)という名前の甘いお菓子が売られている。これは卵黄を甘く煮込んだペーストやチョコレート、クリームなどをマサパンという生地で包んだ、骨の形をしたお菓子である。

ペルーの場合、リマではこの十一月一日に街中が花束であふれる。人々は花束を購入して家族など親しい人に渡す。一方、アンデスの村々、一例としてアンデス山系北部東側に位置するサンマルティン県トレントン地域には、キリスト教的な性格をもった、それまでの土着慣習を変えたのではないかと思われる古い習慣が残っている。例年十一月一日の未明、白や黒の僧服に身を包んだ人たちが讃美歌を口ずさみながら街中を練り歩く。そして、一日の夜、あらかじめ決められた、祭壇が設けられている家に出かける。祭壇には本物のしゃれこうべが二つ安置されている。しばらくして、墓場から、アニメロス(animeros：霊魂に仕える人)たちが鎮魂歌を歌いながらこの家にやってくる。家の人々はすべての明かりを消してこのアニメロスを迎え入れる。このアニメロスは墓場から多くの霊魂を引き連れてくると信じられている。静かにお祈りをしたあと、これらアニメロスたちは再び墓地に戻っていく。残った住民は三日間、お祈りをする。この行事に参加することにより、その年の豊作、無病息災などの幸運が保証されるというのである(飯田 1990, pp.39-40)。

三百年の植民地時代とその後二百年の独立国家時代、併せて五百年間、ペルーのシエラの先住民たちは、キリスト教文化・習慣を受け入れながらも彼らがずっと昔から親しんできた習慣も維持してきた。前述した「諸聖人の日」の行事がどういう経緯でこのように出来上がったのか分からないが、スペインと中南米の先住民を結ぶ、「目に見えない絆」を感じざるを得ない。

それでは祭りから踊りの話に移る。スペインでの踊りと言えば、観光的な要素も加わってフラメンコ(Baile flamenco)が有名であるが、スペイン全体から見れば少し違ってくる。一番代表的な踊りは、アラゴン地方の典型的な踊りであるホータ(Jota)である。このホータはスペイン各地に広がっており、地方により踊りの振り付けなどに特色がある。全体的に軽快なリズムでテンポが速い。民族衣装をつけて男女あるいはグループで踊る。このホータはいろいろ形を変えて中南米全体に広がったのではないかと推測できる。

サルダーナ(Sardana)はカタルーニャ地方全体に見られる踊りであり。全体で同心円上の輪を作って踊る。また、輪の中心の人たちは肩車を重ねて人を高く上げる。筆者は昔、カタルーニャ地方を車でバルセロナからバレンシアに向けて移動していた時、途中の町の広場でサルダーナを踊っている光景に遭遇した。白い衣装に赤いハチマキを腰ないし頭に巻いていて、遠くから観察しても非常に魅力的な踊りであった。

フラメンコについては、観光的な要素が強く、一般のスペイン人は踊らないし、踊れない。その起源については、アンダルシア地方のジプシーの踊りが起源であると言われている。一九七〇年代後半、筆者はスペイン語のサマーコースに参加するためにアンダルシア地方のアルメリアに滞在した。そこで、夜に開催されるフラメンコの踊りを頻繁に見る機会があった。その中心は踊りというよりもバックコーラスのカンテフォンド(Cante fondo)にあるような気がした。ドゥエンデ(踊りの精霊)が乗り移って歌い手も踊り手も恍惚状態になってしまうので、ともかく迫力があった。マドリードで初めて見たフラメンコは旧市街にあるカフェ・デ・チニータスというお店であった。食事のあとにギター演奏、そしてフラメンコの踊りとなる。その後、スペインに来た知人などをこのお店に案内したが、客席一番前の席には座らないようにした。というのも、踊り手と一緒にフラメンコのスカートが舞うと、舞台のホコリが一番前の席に飛んでくるからである。このカフェ・デ・チニータスでは経験を積んだ年配の女性が踊るフラメンコに大変な迫力を感じた。二〇〇四年頃、再度スペインに滞在した時にサラ・バラス(Sara Baras)のフラメンコの踊りを劇場で見る機会があった。彼女の踊りは美しく、これは正しく完成された芸術であった。

パラグアイ・ダンス

中南米の踊りは各地さまざまであり、同じ国でも地方によって違う。ここでは、筆者が滞在した国の踊り、すなわち、パラグアイ・ダンス(Danza paraguaya)、サルサ(Salsa)、アルゼンチン・タンゴ(Tango argentino)について説明する。

パラグアイの代表的な踊りはパラグアイ・ダンスである。どんな行事においても必ず演じられる。筆者は仕事の関係でパラグアイ各地の小学校などを訪問する機会があったが、そこでいつも子供たちによるパラグアイ・ダンスの歓迎を受けた。伴奏の音楽は、ぜいたくな場合はパラグアイ・ハープ(Arpa paraguaya)、そうでない場合は有り合わせの楽器であった。音楽は軽快、リズミカルなものである。一人で踊る、あるいは集団で踊る場合もある。また、頭の上に壺を載せて踊る女性もいる。

女性の場合は、民族衣装の美しいスカートをはいたりする。パラグアイ・ダンスの起源については、「三国同盟戦争」を戦った二代目大統領フランシスコ・ソラーノ・ロペスの夫人であるアリシア・リンチ(Alicia Lynch)がヨーロッパから持ち込んだという説明をパラグアイ人から聞かされた。ただ、彼女はソラーノ・ロペスの戦死後アスンシオンを離れており、この説明にそれほど説得力はない。いずれにしても、グアラニー族の踊りとは全く異なるパラグアイ・ダンスはおそらくフランスあたりの踊りが起源であるかも知れない。筆者としては、前述のスペインのホータとの共通点が少しあるように感じたが、現地ではパラグアイ・ダンスとホータとのつながりについての説明は一切聞かされなかった。

コロンビアの踊りサルサについては、プロによるアクロバット的なサルサと、一般の人、特に若者が踊るサルサとの間にはかなり差がある。サルサの起源については、キューバやドミニカ共和国などカリブ海の島々あたりとされ、定説は存在しない。ともかくリズムが速く、それに合わせての踊りやステップも早くなる。サルサはカリブ海地方、中米、南米大陸の北部あたりで踊られていて、各地により、音楽、踊り方それぞれに特色がある。

アルゼンチンのタンゴについて述べることは多い。先ず、隣国ウルグアイはタンゴの起源がアルゼンチンではなくウルグアイであると主張する。タンゴの名曲ラ・クンパルシータ(La Cumparsita)はウルグアイ人ロドリゲス(Geraldo Matos Rodriguez)によって作曲された。ただ、タンゴの歴史においては、アルゼンチンの方が曲目、カルロス・ガルデル(Carlos Gardel)などの歌手においてもウルグアイを圧倒している。タンゴの起源については、アルゼンチンにやってきたイタリア移民が望郷の念に駆られて踊り始めたというのが通説である。

筆者がブエノスアイレスに赴任してから、代表的なタンゲリア(Tangueria：食事と共にタンゴショーを提供するレストラン)であるビエホ・アルマセン(Viejo Almacén)で初めてタンゴを見た。その時の衝撃と感動については未だ忘れることができない。スペインのフラメンコとは違う意味で美しく、ワクワクする気持ちになった。ブエノスアイレスでは当初、ベルグラーノ地区に住んだが、週末の夕方、小さな広場で地元の人たちがカップルでタンゴを踊り始めるのを目にした。ただ、ステップは、基本ステップ(Paso básico)を中心としたゆっくりした動きであり、プロのタンゴショーみたいに飛んだり跳ねたりはしない。一方、タンゴのステップが派生した形のミロンガ(Milonga)という踊りがある。これは、軽快な音楽を背景に、二拍子の単純なステップが繰り返される。タンゴ音楽についてはアルゼンチン作曲家アストル・ピアソラ(Astor Piazzolla)が余りにも有名である。彼はバンドネオン奏者であり、タンゴを元にクラシック、ジャズの要素を融合させて、独自の演奏形態であるタンゴを完成させた。

中南米での踊りは宗教上の祝日と深い関係がある。既に十六世紀において、宗教上の祝日は、スペイン文化と先住民との融合あるいは接触を表現する、もっとも華やかで具体的なシンボルとなっていた。今日でも、南アメリカのメスティソ集落では、聖体祝日、東方三賢人の祝日(Reyes Magos)、燭台の聖母マリアの祝日、あるいはバプテスマの聖ヨハネの祝日には、スペインの伝統を受け継ぐ祝祭に加えて、踊り、パントマイム、仮装行列、その他の行事が行われている。このように、スペインと先住民との踊りの接点は宗教上のお祭りから始まった(ピコン＝サラス 1991, p.97)。

中南米の踊りに不可欠である音楽について、経験・知識不足の筆者は語る資格がない。ただ、音楽のみならずラテンアメリカ文化全体に関しては、「多様性」と「混交」が指摘されている。特に音楽については、先住民、ヨーロッパ、アフリカの三つの文化伝統に言及されることが多い(鈴木 2005, p.161)。

二　食事

食事については、当然のことながら現地の食材事情が優先する。海産物の食事に慣れているスペイン・ガリシアの人が、ペルーの内陸部にあるクスコに移住したとしても、食材の観点から、作る料理の種類には限りが出てくる。バナナを揚げた料理パタコン(patacón)はカリブ海に面している地域ではよく食されるが、スペインでパタコンを食べた記憶がない。一方、スペインの代表的な料理パエリャ(Paella)は、食材の問題もあるのか中南米ではレストランで供されることはあっても、家庭内ではそれほど広まっていない。ただ、ペルー料理の海産物入りのゴハン(Arroz con mariscos)

は調味料サフランなしのパエリャではないかと感じた。一方、マドリード地方の典型的な家庭料理である煮込み料理(Cocido madrileño)は、ジャガイモを中心としたコロンビアのアヒヤコ(Ajiyaco:鶏肉とジャガイモを中心としたシチューに近い料理)と比較して、材料は異なるが、野菜と肉を煮込むという調理方法に共通点があるように感じた。

ペルーのリマで日本料理店を開業し、テレビでシェフとしても有名になったトシさんに出会ったことがある。彼によれば、日本料理店の成功の秘訣は、一にも二にも「食材をどう調達するか」にあるそうだ。個人的なネットワークを通じてでも、ともかく新鮮でかつ美味しい食材を定期的に入手する必要がある。シェフとしての腕とメニューの工夫が重要である、といった答えを期待していた筆者はいささか拍子抜けした。

料理の話を続ける。スペインではパエリャ、また、南米のアルゼンチンではアサード(Asado、焼肉料理)が、男性が準備して作る料理とされている。

パエリャは十五世紀から十六世紀にかけて、スペインのバレンシア地方で広まった料理である。このパエリャという言葉がどこから来たのか、多くの説があり、決定的な説はない。第一は、ラテン語 patella(大きな鍋の意)を起源とする説である。第二はアラビア語 baqiyah(食べ物の残り物)から来たという説である。第三は非常にロマンチックな説明である。Paella は "por ella" または "para ella"(彼女のために)から来たものであり、男性がその恋人のために準備した料理であるという説である。

パエリャの中に入れる具材としては、バレンシア地方で広まった当初、鶏肉、野ウサギ、新鮮な野菜などにコメを入れ、サフランとオリーブ油で色付け・味付けしたものであった。それが、スペイン内戦の間にスペイン全土に広がり、海老やムール貝などの海産物を入れるようになった。今では独創的な中身・味のパエリャも登場しており、中身については「何でもあり」と理解している。パエリャが中南米にそれほど広まらなかったのは、既に述べたとおり、材料の問題があったこと、中南米各地には既に美味しい料理が存在していたことなどが理由として指摘されよう。

ところでウサギ肉については個人的に強い印象がある。スペイン各地には、ほぼ街の中心部に広場(Plaza Mayor)があり、大体その近くに市場が存在する。

そこでは肉類、魚類、野菜・果物などの食材を売っている。サラマンカに住んでいた頃、その市場の近くを通ると、皮を一部剥いた小さなウサギを買い物かごの横にぶら下げて自宅に向かうスペイン女性に時々出会った。おそらくパエリャ料理に使う具材であったものと想像した。まん丸いウサギをぶら下げて歩くのはスペイン女性にとっては当たり前であろうが、日本人、特に女性にとってはかなりの抵抗感がある。もっとも日本の漁村では、とれたての大きな魚をぶら下げて歩くのは珍しくない。食文化の違いであろう。一方、中南米各地でも市場の近くを歩いたことがあるが、ウサギをぶら下げた人に出会った記憶がない。

スペインで有名な子豚の丸焼き料理について話を進める。アルゼンチン、パラグアイなどでアサードの一つとして、子豚を焼いた料理は珍しくない。しかし、子豚をそのまま調理し、パリパリとした皮も含めて楽しむというのはスペイン料理である。マドリード中心部のマヨール広場周辺にあり、昔、ヘミングウェイが通ったと言われているエル・ボティン(El Botín)というレストラン、マドリードの北にある町セゴビアの水道橋のふもとにあるメソン・デ・カンディト(Mesón de Cándido)、同じくマドリードの少し北にある町セプルベダ(Sepúlveda)のレストラン(レストラン名は失念した)で食べた子豚の丸焼き料理(cochinillo)は絶品であった。中南米ではその広さ故に筆者の移動・行動範囲にも限界があり、スペインと同じように美味しい子豚の丸焼き料理に出会わなかった。ただし、アルゼンチンの南端ウシュアイアで食べた、とろけるような味の羊肉料理は絶品であり、スペインの羊肉料理と互角であると感じた。

南米のアルゼンチン、パラグアイ、ウルグアイなどで一番のご馳走と言えば当然アサードである。アサードは、一七〇〇年代初め、アルゼンチンのパンパ地方で、牛の面倒を見るガウチョ(gaucho、牧童)たちの間で広まった。もちろん、スペインにおいてもレストランでは牛肉、豚肉、羊肉の焼肉料理を提供するが、アルゼンチンのアサードとはサービスや味において少し異なる。

南米のアサード料理は肉を焼く薪を選ぶことから始まる。男性の仕事であり、アルゼンチンでは堅いケブラチョ(quebracho、樫の木に近い)が最適であるとされている。長い時間をかけてジワジワと遠火で肉を焼くのに向いており、また、このケブラチョの香りが肉に移ってさらに美味しくなると言われている。肉は塩だけで味付けをする。さらに、ケブラチョに火をつけてから肉を焼き始めるまでに一時間程度待つ必要があり、そのタイミングが重要である。そして、肉が焼きあがったタイミングを見計らって食事のテーブルに持っていく。このタイミングについても絶妙な判断が求められる。肝心の牛肉は、アルゼンチンの草原パンパで草だけを食べて育った牛の肉である。脂身が少なく、実際、食したときに甘さを感じる。材料の牛肉、薪の種類、焼く人の技術が全て揃って、本当に美味しいアサードが出来上がる。アサードを食べるときにはチミチューリ(chimichurri)というソースをつける。オリーブ油、ニンニク、パセリ、オレガノなどを混ぜた独特のアサード用タレである。このアルゼンチン発祥のチミチューリソースは今や南米に広まっており、パラグアイのアサード料理店でも味わうことができた。

セントロ・ニッケイでのアサード（パラグアイ）

筆者はアルゼンチン滞在時代、日系人が経営している牧場に一泊したことがある。そこで働くガウチョたちの基本的な食事はアサード、レタスなどのサラダ、パン、赤ワインである。中身に代わり映えはしないが、ともかく美味しい。その時気づいたのは、彼らの馬に対する愛情である。ガウチョは馬に乗って、放牧している牛たちをコントロールする。馬は彼らにとって家族同様である。従って、「日本、特に山梨県などでは馬刺しが有名であり、味自体も美味しいよ」という話はガウチョのみならずアルゼンチン人一般の前でも禁句であった。

アサードの食べ方にも順番がある。先ずは新鮮なレタスにレモン汁などをかけて食べる。そのあと、achura(発音は「アシューラ」に近い)という牛の内臓あるいはソーセージを焼いたものを食べて食欲を高める。そして、最後にアサードを食べる。しかも、牛肉はその部位によって脂身、柔らかさ、甘みなども違ってくるので、食べ方は簡単ではない。因みにアルゼンチンでは、クリスマスなどお祝い行事でのご馳走料理としては先ずアサードを振る舞い、これに飽きた三日目ぐらいからイタリアのパスタ料理にするとの話を現地で聞いた。

以上、スペインのパエリャ料理、アルゼンチンのアサード料理を比較してみた。両者に密接なつながりはないが、敢えて共通点として指摘できるのは、究極の美味しい料理を準備して家族や恋人に尽くすというスペインないしアルゼンチン男性の奉仕精神ではなかろうか。

本書はスペインと中南米とのつながりに焦点を当てているが、ラテンの本質・本家であるイタリア人が美味しく食べることに如何に熱心であるのか、北イタリア・ヴェネツィア地方のモエカ(Moeca、複数形はmoeche)の話をする。時期は五月から六月にかけて、やわらかい甲羅のソフトシェルクラブが育つ。このソフトシェルクラブを捕まえてきて、生きたまま一晩、生卵をかき混ぜた大きな盥のようなものに入れる。勿論、明かりは消して真っ暗にする。騙された小蟹は生卵を食べてそれが甲羅の内側に溜まる。翌朝、生卵入りのモエカをすくい出し、オリーブ油でカラッと揚げる。北イタリア特産のピノ・グリージョやガヴィなどの辛口白ワインを飲みながら、レモン汁をかけてこのモエカを口の中に入れた時の至福感は三十年余りたった今でも忘れることができない。二〇〇〇年代半ば、筆者が関西の某大学経済学部で国際協力論の講義をしていた際、時間が午前中であったこともあり、最前列の席で女学生が堂々と居眠りをしていた。しかし、筆者がこのモエカの話をし始めた途端、彼女は居眠りを止めガバッと起きて講義を聞き始めた。このモエカの話が生んだ効用についても忘れることができない。

筆者はメキシコ・中米地域での生活経験がないので、中南米地域全体の料理について語る資格はない。以下の私見はバランスに欠けていることを承知の上で述べてみたい。

世界の料理の歴史の上で、王室・王朝が存在した国の料理は、そうでない国と比較してレベルが高く美味しいように思われる。その意味で、インカ王国を引き継ぐペルー料理、アステカ王国を持つメキシコ料理は美味しい。これに比類するのはアルゼンチン及びその延長上にあるパラグアイのアサード料理であろう。川魚の料理あるいは刺身をパラグアイやアルゼンチンで食する機会があったが、その味について格別美味であったという記憶はない。逆に、カリブ海に面したコロンビアのカルタヘナやバランキージャなどでの海産物料理はどれをとってもレベルが高いと感じた。既に述べたように、中南米各地の料理はやはりその土地で手に入る食材の良さを生かして準備するということであろう。また、これらの料理の中で、特にスペインとのつながりを強く意識したものはなかった。

再度、食材の話に戻る。ペルー料理を豊かにしているのは現地で手に入る豊富な食材である。ペルーは西で太平洋に面しており、沖をフンボルト海流が通っている。中央には六〇〇〇メートル級の山々が連なるアンデス山脈があり、東にアマゾンの熱帯雨林が続いている。世界中の気候がペルーに集まっているようであり、育たない食材はないと言われている。豊かな自然が産み出した食材が真にペルーの美食の原点となっている。

食材の中身、種類も時代によって変遷する。一九七〇年代後半、民主化の道を辿り始めたスペインでのぜいたくな食事は海産物料理であった。アングーラスというウナギの稚魚をニンニクとオリーブ油で炒めた料理、ペルセベスといって日本の磯で取れる亀の手に似たもの、あるいはセントージャという大きなカニを茹でた料理、これらは本当に絶品であった。ところが、二〇〇二年に筆者がスペインに再度赴任した時には、これらの魚介料理はほとんどメニューから消えていた。たまにあったとしても、高額すぎてとても手が出なかった。恐らく、供給先のガリシア地方の海で取れなくなったのであろう。スペイン人の友人から、「アングーラスは日本人が食べ尽くしたから消えてしまったのだよ」、と皮肉まじりの冗談を言われた。

三　ジャガイモのきた道、そしてトウモロコシとトマト

筆者はスペイン、中南米に加えて西ヨーロッパの他の国を旅行する機会に何度も恵まれた。スペインの友人から、スペイン料理を代表する野菜はニンニク、イタリア料理はトマト、フランス料理は玉ねぎ、そしてドイツ料理はジャガイモである、と聞かされ、実際に自分自身もこれらの国を訪問してこれを実感した。「ジャガイモ」すなわちドイツ語で言うKartoffelnは長い間、筆者の頭の中でドイツの国とつながっていた。しかし、じゃがいもの原産地は中南米である。

ペルー料理の中で、カウサ・レジェナ(causa rellena)というジャガイモ料理があるが、その味は格別である。筆者はリマ中心部の古代遺跡が見えるレストランでこの料理を味わって感激した。これはペルー料理の前菜としてセビッチェ(魚のマリネ料理)とともに有名であり、causaという品種のジャガイモを使い、小エビやその他野菜などを入れて準備する。また、現在食されているジャガイモは約三〇〇〇種類存在すると聞かされた。

山本紀夫氏の名著『ジャガイモのきた道』を参考にしながら、筆者の感じたジャガイモのきた道を辿ってみたい。文明を産んだのは穀物だけではなく、ジャガイモやトウモロコシも文明を産んだのではないか、との山本氏の指摘に筆者は賛同する(山本 2008, pp.26-28)。ペルー・マチュピチュの遺跡で、段々状になった畑の跡を見ながら、筆者は、マチュピチュ文明を支えたのはジャガイモであると直感した。

インカの人たちは長い年月をかけて、毒を含んで食べられなかったジャガイモの品種改良と毒抜

きに取り組んだ。この話は、ペルーのクスコ観光をした際に、四〇〇〇メートル近くの高さにある見晴らしのいいジャガイモ畑で、現地のガイドから聞かされた。野天に放置して凍結と解凍を繰り返した後に足で踏みつぶして水分を除去し、さらに水さらしと乾燥の過程を経て、チューニョ(chuño あるいは papas secas)を作る。筆者は、この毒抜きされたジャガイモを開発するに至ったインカの人たちの長年の努力と知恵についてただ感嘆するばかりである(山本 2008, pp.16-18)。

トウモロコシと異なり、ジャガイモはヨーロッパで直ちに認知されなかった。一五七〇年代になってスペインに伝わり、それから広くヨーロッパと残りの世界に広がっていった。その後、ジャガイモは主食として認知され、時として飢饉から人類を救った。その結果人口が増加して一八世紀後半のイギリス産業革命につながっていった。アダム・スミスが国富論の中でジャガイモに言及していることはよく知られている(伊藤 2008, pp.104-108)。冒頭、筆者はジャガイモとドイツとのつながりに言及したが、これには、三〇年戦争などの戦争が度重なって畑が踏み荒らされたおかげで、被害の少ないジャガイモ栽培がドイツ国内で拡大していったという事情がある。

トウモロコシはコロンブスのアメリカ大陸到達のあと直ちにヨーロッパ大陸に伝わった。一五〇〇年頃にはスペインのセビーリャで既に栽培されていた。ただし、コロンブス以前にトウモロコシは旧大陸に存在していたという説もある。

トウモロコシはメキシコの代表的な作物である。トウモロコシをすりつぶして作る薄焼きパンはトルティーリャ(tortilla)と呼ばれ、メキシコ料理に必ず出てくる。また、餃子の皮よりも少し大きく、肉や野菜などを包むトウモロコシの皮はタコス(tacos)と呼ばれている。筆者のニューヨーク国連代表部勤務時代、第五委員会のメキシコ代表に誘われて、国連本部近くのメキシコ料理店に時々通った。そこで、ワカモレというアボカドをすりつぶして味付けしたものをタコスで包んで食べながら、マルガリータ・コン・フレサというテキーラ・ベースの冷たいカクテルを初めて飲んだ時の感激は未だに忘れられない。因みに、スペインでトルティーリャと言えば、ジャガイモの入ったスペイン風オムレツ(Tortilla española)のことを指す。

トウモロコシについて考えているうちに、ペルーの美味しい、粒の大きいトウモロコシのことを思い出した。現地ではチョクロ(choclo)ないしジャイアント・コーンと呼ばれている。このチョクロを炒って塩をまぶせば立派なおつまみになる。ペルーでは、先ず、ピスコサワーというカクテルを飲み、チョクロをつまんで、そしてセビチェという魚介類のマリネを食べるところから料理が始まる。

トマトの起源について定説は存在しない。トマトの生まれはアンデス山脈の太平洋側、現在のペルー、エクアドル、ボリビアにまたがる山岳地帯であったと言われている。ここはいずれも標高三〇〇〇メートル以上の高地であり、肥沃な土壌ではなかった。その後、先住民の移住に伴い、現在の中央アメリカ・メキシコ周辺に伝えられ、トマトはメキシコ湾沿いのベラクルスの谷で栽培されるようになった。

十四世紀になり、トルテカ文明にかわりアステカ人が強大な軍事組織と行政機構を成立させると、トマトの栽培方法も工夫改良された。このアステカ時代、肥沃な土地で栽培されるようになったため、トマトはそれまでの「野生種」から「栽培種」に転換した。そして、十五世紀末頃までにはアステカを起点にして広く中央アメリカ一帯から南アメリカにまで、トマトの栽培技術が拡がっていった。

一五二一年、コルテスのアステカ王国征服に伴い、トマトはスペインに持ちこまれた。なお、トマトの伝播については、ジャガイモと同じく、一四九八年のコロンブスによる第三回航海時にヨーロッパに持ち帰られたとか、一五三三年、ピサロによって滅ぼされたインカ帝国から伝わったとか、いくつかの異説が存在する。それぞれが間違いでなく、トマトはいろいろなルートでヨーロッパに伝えられたようである(服部 1999, pp.40-44)。イタリアではトマトはポモドーロ(pomodoro、黄金のリンゴ)と呼ばれており、イタリア料理には欠かせない野菜の女王である。

スペイン、そしてヨーロッパが中南米にもたらしたもの、逆にジャガイモやトウモロコシ、トマトのように、中南米がヨーロッパにもたらしたものを単純比較することは難しい。いずれにしても、十五世紀末ヨーロッパが新大陸と遭遇したことが、両地域にとって大きな益となったのは事実のようである。

四　ワイン

ワインの歴史は幅広く膨大であり、まとめきることは難しい。ここではスペインワインの歴史、そして中南米のワインとのつながりについて言及する。

紀元前一世紀、イベリア半島がローマ帝国に支配されていたころ、ワインの生産はすでにこの地域の産業として定着していた。七一一年にイスラム教徒のイベリア半島侵略が始まってから、飲酒を禁じるイスラムの戒律によって大半のブドウ畑は破壊されたが、一部は何とか残った。厳しい戒律を遵守するイスラム教徒にとっても、当時有名であったスペイン産ワインがもたらす交易上の利益を無視できなかったという背景がある。キリスト教徒によるレコンキスタが進み、北部に次々とキリスト教王国が誕生していくにつれて、ぶどう畑が復興していった。キリストの血を象徴する赤ワインがミサの儀式において不可欠であったこともあり、教会関係者はワイン産業を支援した。十五世紀末にレコンキスタが終了して大航海時代が始まると、ブドウ栽培とワイン製造法はスペインから新大陸に伝えられた。征服者・移住者であったスペイン人は自分たちの食文化を中南米に持ち込むことに熱心であった。そして、ワインもその例外ではなかった。

コルテスによる征服が行われたこともあり、一五七四年、先ずメキシコでのワイン生産がスペイン移民により始まった。場所はスペインの地中海地方の気候に似たバハ・カリフォルニア地方であった。この地で、ワイン作りに適した気候や土壌によって高品質なワインを造ることに成功したため、本国スペインのワインが売れなくなってしまうことを心配した時のスペイン王フェリペ二世はワインの生産を禁止してしまう。そして、スペインより独立した一八一〇年以降にメキシコでのワイン作りが再開されたという経緯がある。

アルゼンチンでは、一五五六から五七年にかけて宣教師たちによりブドウ栽培が始まった。場所はアルゼンチン西部のサン・フアン地方やメンドーサ地方、北部のサンティアゴ・デル・エステロ地方などである。筆者も訪れたメンドーサ地方は、アンデス山脈ふもとの丘陵地帯にあり、気候が穏やかで水はけがよく、ぶどう栽培に適している。一七三九年の時点においてメンドーサ地方には既に一二〇のブドウ畑があったと報告されている。その後も若干の紆余曲折はあったものの、アルゼンチンのワイン産業は着実に発展していった。

チリは、インカを征服したピサロの影響下にあった。この征服者たちと共にスペインに移住したキリスト教の宣教師が、ワインの製法をチリに持ち込んだと言われる。特にチリの場合、本国からのワイン取り寄せが不便でワインの保存技術も不完全であったため、現地でブドウを栽培してワインを生産することが盛んになった。

中南米でブドウ栽培とワイン生産が発展した背景を見ると、当時のスペイン移民者たちのワインに対する異常なまでの欲求、そして植民地で布教活動を行っていた宣教師たちの強い支援を指摘することができる。

次に、スペインを含むヨーロッパに対する中南米からの逆輸入の動きについて述べる。その一つがフィロキセラである。それはブドウネアブラムシのことで、幼虫がブドウの木の葉や根に寄生して樹液を吸って成長し、最終的にはブドウの木を枯死させてしまう。一八六三年、フランスのローヌ地方でフィロキセラ害虫が発生し、ブドウ園は壊滅状態となった。その後、フィロキセラは次第に南下し、一八七八年、スペインのマラガで広大なワイン産地に広がった。ところが、フィロキセラによる被害が拡大していく中で、アメリカ産のブドウの木へ接ぎ木するという対策が発見されたため、二十世紀初めの早い段階でヨーロッパは、このフィロキセラ害を克服することができた。

他方、海を越えたチリやアルゼンチンではフィロキセラの被害を受けることがなかった。そして、フィロキセラに冒されていないヨーロッパ品種のブドウの木が残されることとなった。筆者はアルゼンチン滞在中に、「アンデス山脈ふもとの土壌で育ったブドウの木はフィロキセラを始めとした害虫に強い。アンデスの土がヨーロッパワインを救ったのだ」というやや誇張された説明を聞いた。科学的な根拠は全くないが、その話を聞いた場所は、南米の最高峰アコンカグア(六九六〇メートル)のふもとであるサン・ラファエルであったので、筆者は雄大な景色に感激しながらこの説明を素直に受け入れたことを記憶している。

次に、スペイン、アルゼンチン及びチリのワインを比較して、筆者の偏見と独断を述べる。メキシコについてはテキーラ酒やラム酒を個人的に評価するが、滞在経験がない筆者はメキシコワインについて語る資格がないので、比較対象外とさせていただきたい。

スペイン産ワインの王者として長く定評のあったのはログローニョ地方のリオハ(Rioja)であった。しかし、一九八〇、一九九〇年代になってから、リベラ・デル・ドゥエロ(Ribera del Duero)、ルエダ(Rueda)、リアス・バイシャス(Rias Baixas)などのワインが注目を浴びるようになってきた。一九八六年に当時のＥＣに加盟したことで、スペインワインの市場が拡大したことも影響したと言われている。筆者のスペイン赤ワインとしてのお勧めは、リベラ・デル・ドゥエロのUNO(ウノ)である。白ワインとしては、辛口のオタズ(Otazu)をお勧めする。フランシスコ・ザビエルの生誕地ナバーラ地方のワインである。(5)

アルゼンチン産ワインの王者は何といってもメンドーサの赤ワインである。ルイジ・ボスカ(Luigi Bosca)は高級ワインで評価が高いし、ヴァルモン(Valmont)も手ごろな価格にもかかわらず、その味は期待を裏切らない。最高級は何といってもカテナ・サパータ(Catena Zapata)である。ただ、アルゼンチンはワインにしても牛肉にしても自国民消費が第一であり、輸出用のＰＲ努力をしていないため、チリワインに負けているところがある。チリのワインはいわゆるコスパ(値段に比較しての満足度)がいいということで誰しも納得している。パラグアイに滞在したとき、自国産のワインがなかったのでフロンテーラ(Frontera)などコンチャ・イ・トロ(Concha y Toro)社の赤白ワインを飲んでいた。

スペインと南米のワインの話は尽きない。いずれにしても、両者はフィロキセラだけでなく、ワイン関係者の交流も含めていろいろな点で深い関係にある。

ここで、スペイン産シェリー酒について触れておく。筆者は、一九七九年春にマドリード外交官学校の研修旅行で南部アンダルシアのヘレス・デ・ラ・フロンテーラ(Jerez de la Frontera)を訪問し、シェリー酒倉を見学した。シェリー(スペイン語ではvino de Jerez)は蒸留酒でなく、酒精強化ワインの一つである。十五世紀以降、英国その他の貿易商人がその販売網を駆使してシェリーを世界に広めたため、英国のお酒のように思われているかも知れないが、原産地はこのヘレス・デ・ラ・フロンテーラとその周辺地域である。作り方は白ワインを大きな樽にいれ、すこし空気のすき間を残す。樽を締め切る前に、特別の酒精を入れてさらに発酵させ、アルコール度合いと風味を高める。一定期間ごとに樽を回転させ、空気のすき間を移動させることが大事であるとの説明を聞いた。透明なシェリー酒のフィノ(Fino)は、食前酒として人気がある。

同じ研修旅行で印象深いことが一つあった。このヘレスから遠くないところに、英国支配下にあるジブラルタル(Gibraltar)と国境を接するラス・リネアス(Las Lineas)という村があった。そこには教会があり、中には古めかしい旗が飾られていた。引率の研修所長が、スペインの若い外交官を前に、檄を飛ばした。

「諸君、未だかすかに血痕が残っているこの旗は一七〇四年のスペイン継承戦争の際の旗である。目と鼻の先に見えるジブラルタルはスペイン固有の領土であるが、現在、英国に不法に占領されている。我々はこれを取り戻さなければならない。諸君はこのことを決して忘れてはならない!」

どの国でも領土を奪われた恨みは何世代にもわたって引き継がれていく。

五　タバコ

タバコの葉、そして喫煙の文化も新大陸からヨーロッパに伝えられたものである。史実に基づくタバコの起源と流通については余り分かっていないところがあるが、「タバコ」という植物がアメリカ原産であることだけは知られている。人類がいつごろからタバコを吸い始めたか諸説が存在するが、マヤ文化で喫煙の文化が始まったというのが有力な説である。メキシコのチアパス州で発見されたパレンケ遺跡の中の「十字架の神殿」内部には、タバコを吸っている神がレリーフの形で残っている。通称、エル・フマドール(el fumador：喫煙者)と言われているこのレリーフは、当初、神を装った神官と考えられていたが、現在は、マヤの神々の中で重要な神の一つであることが分かった。このパレンケ神殿の建設年については七世紀末とするのが有力であるので、少なくともこの時期にマヤ文化に喫煙の習慣が存在したと言える。また、マヤ地方から出土する彩色土器などの中にも、明らかに喫煙の習慣を表していると思われる図柄のものが多くある。こうした土器類は、日常生活のためでなく、祭祀に用いられるものであったので、様々な神の姿や神聖文字が描かれている。

「神々はタバコを好む」という信仰は北米にも広がっていた。北米、例えばカナダのケベック植民地においては、先住民がパイプでタバコを吸っていたとの記録が存在する。西インド諸島に到達したコロンブス一行は先住民がシガーを吸っているのを見たと記録にある。コロンブスに引き続いて新大陸に渡り、内陸の奥深く踏み込んでいったヨーロッパ人たちは、多くの場所で先住民の喫煙の風習を目撃し、やがて彼ら自身もこの風習の虜になっていった。

先スペイン時代において、タバコは神への供え物であったが、その後、人間の嗜好品として広く定着していった。心身のリラクセーションのためにタバコを摂取する習慣が、いつどのようにしてヨーロッパに伝えられたか、詳細な史実は残っていない。恐らく、アメリカに渡ったスペイン人その他ヨーロッパ人渡航者や船乗りたちによって、かなり早い時期にイベリア半島の港町に伝えられたと思われる。

新世界に渡ったヨーロッパの征服者・植民者たちは、過酷な状況の中で、ナス科植物であるこのタバコにひとときの休息と安らぎを求め、先住民の風習に馴染んでいった。そして間もなく、ヨーロッパ大陸の人々も、新世界で発見され優れた効能を持つ薬草としてタバコを受け入れて広まってしまった。

タバコをヨーロッパに伝えた新世界は、開拓の時代を迎えた。しかし、ほとんどの植民地は、開拓当初、タバコ以外に主要な農産物を持っていなかった。特に、北米イギリス植民地の人々は、タバコ栽培によって活路を見出してタバコの輸出によって経済的な基盤を確立していった。

勿論、スペイン植民地社会の全てがタバコ文化を歓迎していた訳ではない。

宗教界は快楽に耽ることを悪徳としており、タバコに対し当初から非難を続けてきた。一五七五年、メキシコ管区宗教会議は、新世界におけるすべての管区に対し、教会でのタバコの使用を禁止する布告を発した。続いて一五八三年、リマ管区宗教会議は、聖職者がミサの前にタバコを摂取することは地獄に落ちる大罪と結論づけた。本国スペインにおいても一六〇〇年代前半、セビーリャの宗教界がタバコの使用を禁止する協会規則を発出したが、実質効果はほとんどなかったようである。

新世界を植民地支配するスペインにとって、タバコは銀と同じく植民地の最も重要な産物の一つであり、十六世紀から十七世紀前半まで、スペインは世界のタバコ貿易を独占するに至った（上野1998, pp.4-15, 50-53, 88-89）。

六　アズレージョから見たスペイン、ポルトガル、ブラジルのつながり

ここで食べ物・飲み物を離れて別のテーマに移る。

白い背景に青色を主体にしていろいろな模様を描いたタイル azulejo（スペイン語でアスレホ、ポルトガル語の発音はアズレージョ）なるものがイベリア半島にある。もともとはイベリア半島に移り住んだムーア人がもたらした文化であるが、一六世紀初めにポルトガルのマヌエル一世がスペインからこのアズレージョ文化を輸入した。その後一七世紀になってからオランダの製造技術がポルトガルに持ち込まれて全土に広まることとなった(6)。筆者はリスボンのアズレージョ美術館を訪問してこのタイル芸術の歴史と美しさに圧倒された。

アズレージョの文化はアンダルシア地方やバレンシア地方などスペイン南部・南東部では広まったが、スペイン全土には行き渡らなかった。筆者は地中海に近いセビーリャやカステジョン

アズレージョ美術館（リスボン）

（Castellón、バレンシアの近く）でこのアズレージョ文化を確認した。パティオ（Patio、中庭）に面した建物の壁にアズレージョのタイルを張り付ける文化はまさにイスラムの一部であった。スペイン全土にアズレージョが広がらなかった大きな理由は、気候・風土であろう。また、ファドのような物悲しい雰囲気にアズレージョは似合うが、例えば、スペインの闘牛文化、サンフェルミンの牛追い祭りとは少しイメージが違うように感じている。

アンダルシア地方のパティオには壁に花を飾る習慣がある。また、コルドバの町の「花の小道（Callejas de las flores）」は余りにも有名であるが、これらの習慣も北アフリカからやってきたムーア人が持ち込んだものであった。

このアズレージョ文化はポルトガルの植民地であったブラジルにも伝わった。一方、中南米のスペイン領にはそれほど伝わらなかった。ただ、メキシコだけには伝わっており、一六一三年にメキシコに到着した支倉常長使節団はアズレージョ装飾の施された家に滞在したという記録がある。

最近、ウズベキスタンのサマルカンド地方にサマルカンド・ブルー(Samarkand blue)という青が存在することを知った。世界遺産に指定されているウズベキスタンの古都サマルカンドにあるモスクの外壁や内部は本当に綺麗な青のタイルで装飾されている。イベリア半島のアズレージョとサマルカンドブルーとのつながりについては何かあるような気がしたので少し調べてみた。

紀元前二六〇〇年頃、釉薬を使ったタイルはエジプトやメソポタミアに存在したが、その後長い間忘れ去られていた。紀元九世紀になってから、釉薬タイルの製造方法が再発見され、それがコンスタンティノープルからイベリア半島にまで広まったのである。

サマルカンドブルーについては、その起源は必ずしも明確でない。中国にやはり似たような釉薬の陶器が存在していた。十四世紀にサマルカンドやリシュタン(ウズベキスタン東部フェルガナ州の街)の陶工たちはその中国の製法を学ぼうとしたが、高度のカオリン陶土が存在しないこともあり上手くいかなかった。しかし、リシュタンの陶工たちは、試行錯誤の上ついに成功した。

これがサマルカンドブルーにつながっている。(7)

七　銀細工と金細工

次に銀細工、金細工の観点からスペインと中南米とのつながりを見てみたい。

スペインのサラマンカには、民芸品の一つとして、ブローチ、ペンダント、耳飾り、カフスボタンなどの銀細工が知られている。質の高い銀製品には、Plata de ley(保証付きの銀)という刻印がある。

一方、パラグアイの首都アスンシオンの郊外にあるルケ(Luque)という町にも、フィリグラーナといって繊細な銀細工が存在する。対象は、サラマンカの銀製品と同じような装飾品である。ルケでは、銀細工の技術はスペイン人が持ってきたとは聞いたが、特別にサラマンカの技術であるとの説明はなかった。

スペインのトレド(Toledo)には、ダマスキナード(damasquinado)ないしダマスコス(damascos)と称する金細工がある。黒色の地肌の中に浮き上がるレリーフの形で装飾があり、金メッキが施されている。一方、南米のコロンビアやパナマには同じく金細工があるが、これは南米独自のものであり、トレドの金細工とのつながりはなさそうである。ペルーの古代王朝でも金を上手に扱った文明が存在した。アンデス山脈のシカン文明もその一つである。

銀についての歴史に言及する。一五一六年、スペインの航海者ファン・ディアス・デ・ソリス(Juan Díaz de Solís)が大西洋から太平洋への水路を求めて探検している間、海とも見まがうような大きな川を発見し、ラプラタ川(Río de la Plata、銀の川)と名付けた。実際、アルゼンチンやウルグアイ、パラグアイに銀はなく、ラプラタ川をずっと遡ってようやく有名なボリビアのポトシ銀山にたどり着く。メキシコにもいくつか銀山が存在した。そして、これら銀山からの銀が大量にスペインあるいはスペイン経由でヨーロッパに流れ込み、ヨーロッパで「銀革命」を引き起こすこととなった。

八　「コロンブスの交換」と「コロンブスの不平等交換」

「コロンブスの交換(Columbian Exchange; Intercambio colombino)」という概念が存在する。これは、一四九二年以降ずっと続いた東半球(新大陸)と西半球(ヨーロッパ大陸)の間での植物、動物、食物、人口(奴隷を含む)、病原体、鉄器、銃など広範囲にわたり交換が行われたことを指す。アメリカの歴史学者 Alfred Crosby がこの考え方を提唱した。

【家畜】 旧世界(ヨーロッパ大陸)よりは、ラクダ、牛、ロバ、ヤギ、馬、豚、猫、ウサギ、羊が新世界に伝わり、新世界よりは、アルパカ、テンジクネズミ、アライグマ、リャマ、七面鳥が旧世界に伝わった。

【植物】 旧世界よりは、胡椒、バナナ、大麦、キャベツ、コーヒー、エジプト綿、柑橘類、ニンニク、玉ねぎ、西洋梨、コメ、小麦、ニンジン、大豆が新大陸に伝わり、新大陸よりは、ジャガイモ、トウモロコシ、キャッサバ、パイナップル、カボチャ、ひまわり、カカオ、バニラ、タバコ、トマト、アボカド、インゲン豆、トウガラシ、落花生、ゴム、サツマイモが旧大陸に伝わった。

【感染症】 旧大陸よりは、コレラ、インフルエンザ、マラリア、麻疹、ペスト、天然痘、結核、腸チフスが新大陸に伝わり、新大陸よりは梅毒が旧大陸に伝わった。ただし、梅毒については、コロンブスのアメリカ大陸発見以前からヨーロッパに存在していたがそれが認識されていなかった、という説も存在する(Crosby 2003, pp.64-113, 165-202)。

これらの全てについてその真実性を確認・検証することは困難である。ともかく、コロンブスの新大陸到達以降、かなり多くの家畜、食物、感染症が旧大陸と新大陸との間を往来したことは事実である。特に、食物についてスペイン人はそれまで自分たちが食べていた食物について非常に執着していた。一五四〇年代には既に中南米の各地に、スペインのいろいろな食物が新大陸に持ち込まれて栽培されていたと言われている。

旧大陸から新大陸に伝えられたもの、逆に新大陸から旧大陸に伝えられたものについて、両者の関係はバランスのとれたものであったか、あるいは一方的なものであったか、もう少し掘り下げてみたい。

[サトウキビ生産と奴隷貿易]

コロンブスの第二次航海(一四九三年)の時、一行はさまざまな作物を船に積み込んで出発した。大半は自分たちの食物にするためのものであったが、その中に熱帯のニューギニアを原産とするサトウキビが含まれていた。十五世紀、ポルトガル人は西アフリカへの航海を繰り返すうちに、マデイラ諸島やカボ・ヴェルデ諸島、ギニア湾のサントメ島などでサトウキビの栽培を低コストで実現し、それまで主流であった地中海産の砂糖を市場から駆逐した。スペインもポルトガルに負けじと砂糖生産に乗り出し、先ずはカナリア諸島でサトウキビの栽培を始め、そしてここで栽培されたサトウキビをエスパニョーラ島に持ち込んだ。試行錯誤の末、一五一六年にエスパニョーラ島に最初の製糖工場が作られ、一五二〇年には早くも精錬された砂糖の輸出を開始した。最初のうちこそスペイン人が主導権を握っていた砂糖栽培であるが、一五二六年、ポルトガルは現ブラジルの北東部にあるペルナンブコからポルトガル向けに砂糖の輸出を始めた。十六世紀末になってスペイン領での砂糖生産が衰退する中で、ヨーロッパ諸国がバルバドスなど小アンティール諸島で大々的に生産を始めた。そして、ポルトガル領ブラジルでの砂糖生産が最盛期を迎えた。真に、「十六世紀は砂糖史におけるブラジルの世紀」と言われるまでになった。

これらの地域では、最初からサトウキビ栽培や砂糖生産に必要な労働力をどこから調達するかという大きな問題を抱えていた。ヨーロッパ人の到来とともに、感染症などの影響もあり先住民の人口は急激に減少した。そのため、ヨーロッパ人は砂糖関連産業の労働力不足をポルトガルの勢力圏にあったアフリカからの奴隷に依存することとなった。既にアフリカからの奴隷輸入は大航海時代初期から始まっていたが、奴隷の数が急増するのは砂糖ブームが到来してからである。最も信頼がおけるとされるフィリップ・カーティンの研究によれば、一四五一年から一八七〇年の四百二十年間にアフリカからアメリカ大陸に連行された奴隷は約九四〇万人、そして十八世紀がそのピークで約六百万人であったと推定されている。これらの奴隷の約半分が南アメリカに輸入された。カリブ海の砂糖生産地はアンティール諸島であるが、ブラジルの製糖産業としては、バイアやペルナンブコで発展した。この地域はアフリカにおける奴隷の仕入れ地であるギニア地方に最も近かった。ブラジルには奴隷制度が禁止される十九世紀半ばまでに三六〇万人に上るアフリカ人が連行された。歴史に残る人類の悪行である。

奴隷貿易と砂糖の輸入貿易とは初めから結びついていた。大西洋をはさんで、ヨーロッパ、アフリカ、アメリカの間で行われた「三角貿易」は大きな役割を果たした。ヨーロッパの港から、貿易船が武器、繊維製品などを積み込んでアフリカに向かった。アフリカ西海岸に到着すると、これらの品物を黒人奴隷と交換した。黒人奴隷を乗せた船は大西洋を横断し、中南米や北米で奴隷を労働力として白人のプランテーション経営者に売却した。そして空になった船は、新大陸の産物を積み込んでヨーロッパの母港に戻った。砂糖産業発展の陰にはこのような悲しい実態が存在した。

二〇一〇年にブラジルのサンパウロ郊外にある東山《とうざん》農場(Fazenda Tozan)を訪ねたことがある。この農場は一九二七年に三菱創始者である岩崎弥太郎氏の長男久弥氏によって創業され、九〇〇ヘクタールに及ぶ広大な敷地では、コーヒーに加え、トウモロコシ、ミニトマトなどの野菜が栽培されている。東山農場は戦時中、敵国資産としてブラジル政府に没収されたが、戦後、奇跡的に三菱側に返還されたという説明を現地で聞いた。

ブラジルでの奴隷解放は一八八八年に実現したが、この東山農場には当時の奴隷小屋がほぼそのまま保存されていて筆者は見学することができた。天井が高く細長い小屋で、真ん中には太い丸太が通されていた。奴隷たちは、夜、就寝する際、片足に鎖をつけられ、鎖の反対側にある鉄の大きな輪で丸太につながれる状態になる。従って、七〜八メートルの丸太の長さの範囲内で移動はできるし、端の方でトイレにも行くことができる。連れて来られた当初、奴隷たちの中には凶暴な者もいたが、だんだん慣れてきて抵抗することなく従順になれば、主人の許可により鉄のわっかが外されて夜も拘束されることなく就寝でき、また農場内をある程度自由に行動できたとの説明を聞いた。人権が全く無視され、家畜同然に扱われていた当時の奴隷たちの状況を想像して、筆者は本当に心が痛んだ。

［ヨーロッパからの家畜］

ジャガイモやトウモロコシなど多くの作物が新大陸からヨーロッパに伝えられたとするならば、これらの作物と対照的に、アメリカ大陸からヨーロッパに渡った家畜は乏しかった。アメリカ大陸原産の家畜として知られているものは、犬、シチメンチョウ、テンジクネズミ、リャマ・アルパカのラクダ系家畜ぐらいである。そこでヨーロッパ人は、新大陸にさまざまな家畜を連れてきた。牛、馬、羊、山羊、豚、ロバ、そしてラクダなどの有蹄類である。このうち、ラクダを除く他の家畜はいずれも広く受け入れられ、アメリカ大陸の自然に適応して繁殖していった。特に馬は征服の際に重要な役割を果たした。アステカ帝国を征服したコルテス一行も持ち込んだ馬で戦闘に臨んだため、インディオたちとの戦いにおいて有利となった。

マチュピチュ遺跡でのアルパカ

〔疫病〕

征服者たちが新大陸に到達してから、先住民は虐殺される場合もあったが、それ以上に彼らを死に至らしめたのは、天然痘、はしか、インフルエンザなどの疫病であった。これらの疫病が抵抗力を全く持たない先住民をおそったのである。一五〇四年八月、コロンブスが第四回航海の終わりにエスパニョーラ島のサント・ドミンゴに寄港したとき、同島の先住民人口は七分の一になっていた、と報告している。また、一五〇八年十一月にエスパニョーラ島を訪れた王室派遣の官吏は、同島の全先住民人口を約六万人と推定している。しかし、もともとそこには百万人を超す人口があったと考えられており、コロンブスが来てからわずか数十年でエスパニョーラ島の人口は十分の一以下に減少したことになる。

疫病はメキシコ本土でも流行した。これはコロンブス一行によるものでなく、時代的にメキシコを征服するために侵攻してきたコルテス一行によるものであった。スペイン軍の一人の奴隷がメキシコに天然痘をもたらし、この流行によってアステカ王国の人口のほぼ半分が死亡したと言われている。このような疫病の影響でアステカ軍の兵の士気は低下し、スペイン軍による征服を容易なものとした。二千万人だったメキシコの人口は、一六一八年には一六〇万人まで激減したことが知られている（山本 2017, pp.118-121, 124-131, 160-165, 198-200）。

山本は、新大陸の先住民がヨーロッパを始めとした残りの世界にもたらした貢献は非常に大きい、しかし、逆にヨーロッパ人が新大陸にもたらしたのは貢献というよりは疫病の流行に見られるようにマイナスの要素が大きい、これを果たして対等な立場の「コロンブスの交換」と呼べるのか、「コロンブスの不平等交換」ではないか、という問題提起をしている。確かに、新旧両大陸の交流は一方的に旧大陸側を利するものであった、という見方に対し、これを一刀のもとに切り捨てることはできない。スペインと中南米とのつながり・絆の広さと深さ故に、どの切り口に着目するかによってコロンブス交換に対する評価は分れていく。

九　スペインのあらゆる文化・習慣が中南米に伝わったのか？

一四九二年から一五六〇年までの約七十年の間に、スペインから新大陸へ移住した征服者・入植者の言葉と習慣、文化がその後に各地の言葉や習慣などの基本となっていった。勿論、各地では現地女性との間で混血のクリオージョたちが誕生して成長し、先住民の習慣・文化も加わりそれぞれ独特な形でさらに発展していく。このことがスペインと中南米との大きな絆である。

ここまで分析してみて、家畜、食物、感染症に加えて、かなりの文化・習慣がスペインから中南米に持ち込まれたものと結論付けられる。特にスペイン人は、祖国の食べ物をインディアス（新大陸）で手に入れて食べることにかけては大変な情熱を持っていた。しかし、それほど伝わらなかった習慣もある。その一つが、遅い夕食の開始時間である。

ＥＣ（ヨーロッパ共同体、その後はＥＵ欧州連合）に加盟してから、スペインの首都マドリードなどでは、昼に長い休憩をとるシエスタ（siesta）の習慣はすたれてきた。また、ビジネス面では約束の時間をきちんと守るようになった。しかし、夕食を家族ないし友人と夜遅く十時ぐらいから取る習慣は未だに残っている。一方、中南米では、この習慣は定着しなかった。おそらく、気候の違い、その他の要因が関係したのであろう。

もう一つはイスラム文化の影響である。ムーア人は八世紀近くイベリア半島を支配し、スペイン語を含めていろいろな面で影響を与えた。また、水を利用する灌漑やパティオの噴水の技術をスペインに残した。しかしながら、十五世紀末のレコンキスタ（国土再回復運動）が完成した年にコロンブスの新大陸到達を契機として始まったスペインによる中南米支配の過程では、イスラム色は強く影響を与えなかった。というより、イスラム文化の影響を一部に含んだスペイン文化全体が伝えられたというふうに理解すべきであろうか。

新大陸において、先住民文化というウィスキーに、スペインが持ち込んだ西欧文明というミネラルウォーターで希釈した水割り文化が生まれた。その水割り文化は、地域によって先住民文化の濃度が濃かったたり、西欧文明の色が濃かったりした。中南米の先住民は、メソアメリカ文明の絵文字やインカ文明のキープを除いて文字と呼ばれるものを持たなかったこともあり、結果として、新大陸の宗教や社会はヨーロッパ文明の領域の中で発展した（渡邉 2021, p.742）。前項で言及したように、スペインと中南米とは、何を（どの分野を）対象にして、また、スペインと中南米のどの国・地域を比較するかによって、つながりの度合いが違ってくる。すなわち、ウィスキーの濃さ・味も微妙に異なってくるということである。

第六章　人種・民族・宗教から見たスペインと中南米、教育と科学技術

フォンセカ大学寮（サラマンカ）

筆者は一九七〇年代後半、フランコが亡くなりスペインの民主化が始まったばかりの頃、サラマンカ大学に留学した。滞在先は若いスペイン人教師が多く住んでいたフォンセカ大学寮（Colegio Mayor Arzobispo Fonseca）であった。彼らの大半はprofesores no-numerarios（正教授であるcatedrático等とは異なり、大学での正式資格を有していない契約制の非常勤講師）であったが、インテリであり多くの事象について大きな偏見を持つことなく楽しく議論することができた。

ただ、ジプシーとユダヤ人、そして「スペイン内戦」についてだけは、余り意見交換したという記憶がない。この三つはタブーというより、彼らにとって議論してほしくな

い、余り楽しくないテーマであったように感じた。

一　ジプシー

フラメンコの踊り、アンダルシア、ジプシーは三位一体で、お互いに切っても切れない関係にあると聞かされ、まだよくは知らないものの、そうだろうなあと漠然と感じていた。一方、筆者自身、スペイン滞在中に親しいジプシーの友人がいなかったこともあり、長い間ジプシーに対する偏見を持っていたような気もする。唯一の記憶は、筆者のサラマンカ留学時代の思い出である。住んでいたフォンセカ大学寮からサラマンカ大学人文学部のアナヤ校舎まで、授業のある日に通う時、大学寮の正面から低いところへ下り、ジプシー街を横切るのが近道であった。石畳の狭くて汚れている小径であり、その時たまにそれらしき服装をしたジプシーの人たちに出会うことがあった。

スペインのジプシーは伝統的に南部アンダルシア地方に集中しており、この地域だけで国内のジプシー総人口の約半数(一四万五千人、一九九〇年代前半の数字)が住んでいる。グラナダでは、有名な観光地アルハンブラ宮殿の向かい側にサクロモンテの丘があり、そこにいくつかのジプシー部落がある。彼らは近くにやってくる旅行者に土産物を売ったりフラメンコ踊りを見せたりして生計を立てている。スペインのジプシーがアンダルシア地方に集中している理由として、一年を通じて温暖なアンダルシア地方の安定した気候、そして陽気でお祭り好きで人当たりのいいアンダルシア地方人の性格が指摘されている(近藤 1995, p.43)。

ジプシーは陽気であるが、一般的に彼らの生活は経済的に苦しい。最大の理由は基礎教育の欠如である。特に女性は早くからジプシー集団の中に組み込まれて子育ての手伝い、家事その他を担当させられ、学校に通う余裕がない。早婚の習慣もあり、インドのヒンドゥー社会に近いところがある。

スペイン人の大半はジプシーに対して、彼らは怠惰である、盗癖があるなどと見なしており、その一部は偏見から来るものであるかも知れない。筆者は一九七〇年代後半、二〇〇〇年代前半の併せて六年間スペインに住んだが、多くのスペイン人の友人たちとジプシーについてきちんと議論したことがない。その理由の一つは、ジプシー社会はスペインにありながら、一般スペイン人社会と交流しない「閉鎖的な」社会だと思われているからである。ただ、ジプシーが自分たちの生計を立てるために、非ジプシー、すなわち一般スペイン人や外国人から物を盗むという点については、ジプシーなりの理屈があるようだ。すなわち、ジプシーたちは自らの集団、グループ内においては盗みを働かない。ただし、非ジプシーは彼らにとって周りの世界、自然環境みたいなものであるので、全く罪悪感を持つことなく、すりを含めて盗みを働くのである。筆者は昔イタリアのローマに滞在していた時、市中心部の観光地などで、ジプシーの子供たちに取り囲まれて、何度も危ない目にあった記憶がある。

ジプシーに関する話の中で興味深い点はその起源についてである。一七八〇年代、ドイツの言語学者が、ジプシーの使う言葉(ロマノー)はヒンディー語、特にインドのパンジャブ地方や現在のパキスタン南部のカラチを中心に話されている地方語とほぼ同類であることを発見した。以後、イギリスの言語学者などもジプシー用語はインドのネオ・アリアン系言語に起源を発すると唱え、その後、これらを覆す新学説が現れていない(近藤 1995, p.21)。

これに関連して、筆者は職場のインド人の元同僚より、ヒンディー語とドイツ語にはいくつかの共通点があると聞かされた。距離的に見ても、インド亜大陸は日本とヨーロッパの中間地点にある。日本文化が仏教を通じてサンスクリット文化の影響を受けているように、アレキサンダー大王の征服によってヘレニズム文明が生まれ、地続きにある中欧のドイツがインド文明の影響を受けていて全く自然であろう。

二　ユダヤ人

一九九〇年代後半、筆者がアルゼンチンに勤務していた時、週末などにブエノスアイレスの旧市街を散歩した際に、山高帽をつけた黒服のユダヤ人たちに多く出会った。おそらく、シナゴーグでの礼拝の帰りに遭遇したのであろう。予備知識もなく、ユダヤ人の知り合いもいなかったため、深い印象を持つまでには至らなかった。

スペイン・アンダルシア地方のコルドバは筆者の好きな街の一つである。メスキータ(Mezquita)を過ぎてローマ橋を渡るとその右手に「カラオーラの塔(Torre de la Calahorra)」という小さな博物館がある。もともとは十二世紀に建設されたイスラム様式の要塞であった。その中には、アル・アンダルス(Al-Andalus)の時代に大きな影響を与えたイスラム文化を中心にいろいろな物が展示してある。因みに、アル・アンダルスとは、スペインのアンダルシア地方を中心とするイスラム勢力統治下にあった地域に対するアラビア語の呼称である。これらの展示物を見て強く感じられるテーマは一つ、それは、イスラム教、キリスト教、ユダヤ教、即ち三つの宗教・文化の共存である。レコンキスタ以前のスペインにはこれら異なる宗教を容認するという寛容さが存在した(Fundación Roger Garaudy 財団資料)。

マドリードの南にあるトレド(Toledo)の街を見学する際に、トレドの翻訳所についての説明をよく聞かされる。一〇八五年にトレドを攻略したアルフォンソ六世は、異教徒に寛容な政策をとったことから、トレドにはアラビア語とラテン語に精通したユダヤ人やコンベルソ(改宗ユダヤ人)、モサラベ(イスラム支配下のキリスト教徒)などの知識人が多数住むようになった。その後、カスティーリャ王アルフォンソ十世やトレドの大司教の保護のもと、トレドに翻訳グループが誕生した。彼らは古典文化やイスラム諸学の翻訳に携わり、彼らのお陰で、アラビア世界に蓄積され「後ウマイヤ朝」を通じてもたらされたギリシャ、インドなどのアリストテレス哲学や自然科学の様々な知識、イスラムの知的な伝統が西ヨーロッパ世界に紹介され、これらが後のルネサンスに大きな影響を与えた(関 2003, p.28)。十五世紀初めのポルトガルの大航海時代、そしてコロンブスの新大陸到達を支えたのは、航海術と天文学であった。これらについてユダヤ人知識者の大きな貢献があったことは間違いない。そして、その根っこの一つはトレドの翻訳所であった。

イサベル女王の肖像画

一四九二年三月、カトリック両王により発出されたユダヤ人追放令は、ユダヤ人に対して四カ月以内の改宗か追放かの二者択一を迫ったが、真の目的はユダヤ人の追放ではなく、ユダヤ人のキリスト教への改宗とコンベルソ（キリスト教に改宗したユダヤ人）の「真の改宗」を促すことにあった。またこのユダヤ人追放による宗教的統合は、言語や歴史、法制度などを異にする複数の王国から構成されていたモザイク国家・スペインに対し、真の政治・社会統合をもたらす不可欠な手段でもあった（関 2003, pp.62-66）。

そして、高度な知識と技術を有し、また、経済面でも活躍していたユダヤ人追放による損失がじわじわとスペイン経済に影響を与えていった。スペインを追われたユダヤ人たちは、ポルトガル、オスマン帝国、北アフリカなどさまざまな地域に向かった。また、その一部はメキシコをはじめとした中南米地域に移住したものと推測される。

異端審問・宗教裁判（Inquisición）の広がりはスペインだけには留まらなかった。筆者は、フランス南部のカルカッソンヌ（Carcassonne）を訪問したことがある。ここには世界遺産にも指定されている城塞が残されているが、その一部には Tour de l'Inquisition と称される異端審問の塔があり、中世当時キリスト教の異端を取り締まる異端審問に使われた。現在でもかなり良い状態で保存されている。また、コロンビアのカリブ海に面した街カルタヘナには異端審問博物館(Museo de Inquisición)が存在する。中南米では、カルタヘナ以外にメキシコとリマに審問所があった。

それにしても、イサベル女王はどうしてユダヤ人追放に執着したのであろうか。イサベル女王は長年、ユダヤ教からの改宗者である新キリスト教徒がしばしばうわべだけのキリスト教徒で、裏面では依然として自分たちの祖先のユダヤ教を信仰し続けたことに対し大きな不信感を抱いていた。このような改宗者の態度はキリスト教徒側の大きな疑惑を惹き起こし、心から改宗した新キリスト教徒からの強い反発もあった。こうした背景があり、グラナダ陥落以前の一四八三年、イサベル女王のおひざ元であるカスティーリャに異端審問所が設立され、偽の改宗者を厳しく取り締まることとなった。そして、レコンキスタが完成した直後、一四九二年三月にユダヤ人追放令が発出されることとなった(増田 1971, pp.4-5)。

アルゼンチンについては、副王領時代の十八世紀半ばにはユダヤ人が既にいた。イエズス会の報告によれば、一七五四年、ブエノスアイレスとその近郊に、四千人のユダヤ人が住んでいたそうである(垂 1995, p.274)。一八一六年に独立を宣言し、五十年近くかけてようやく国内を取りまとめるに至ったアルゼンチンは、一八八九年から一九三〇年にかけて積極的にユダヤ人移民を受け入れた。

アルゼンチンは、移民に対して多様な職種を提供し、また、その移民政策においても開放的であった。しかし、一九二九年の世界恐慌の影響を受けて国内で失業者が増大した結果、一九三〇年にはユダヤ人移民の受け入れを制限し始めた。第二次世界大戦後、アルゼンチンはユダヤ人難民を再度受け入れるようになった。さらに、その後、第三次のユダヤ人移民の流入があり、約一八万一五〇〇人のユダヤ人がアルゼンチンに住むこととなった(二〇一四年の統計)。これは南米第一のユダヤ人人口である。アルゼンチン人口に占めるユダヤ人の割合は〇・四五パーセントであり、イスラエルは別として、米国(1.71%)、カナダ(1.1%)、フランス(0.75%)、オーストラリア(0.48%)、英国(0.47%)に続く。一方、反ユダヤ主義者の入国・移住についてもアルゼンチンは寛容であった。一九九四年にブエノスアイレス市内のAMIA(アルゼンチン・イスラエル相互協会)の建物が爆破され、多数の死傷者を出した事件が発生した。このアミア事件の背景は複雑であり、その全容は未だ明らかになっていない。

世界各地へのユダヤ人の移住の歴史と実態を明らかにすることは至難の業である。ただ、この動きは、スペインと中南米とのつながりという切り口とはかなり違っているように感じている。

三　メノニータの苦難の歴史

スペイン語でメノニータ(Menonita)、英語でメノナイト(Mennonite)あるいはアーミッシュ(Amish)と呼ばれる宗教集団が存在する。アーミッシュは、常に迫害と弾圧を受けてきた少数派の宗教集団であり、また、このグループは彼ら自身が宗教集団であると同時に生活共同体でもある。アーミッシュ集団は、忌避の思想(この世的なものをすべて回避し分離すること)を宗教的理念としており、これが理由で残り大多数のプロテスタント主流派と衝突し、プロテスタント発祥の地であったスイスやドイツから追い出された。アーミッシュは忌避の宗教理念に基づき、徴兵制に基づく兵役を拒否することで知られている。その後、アーミッシュたちはヨーロッパを放浪し、一部はロシアに逃れ、また一部は信仰の自由が保障された北米、南米大陸に渡った。アーミッシュの北米大陸への移住は十八世紀であった(坂井 1997, pp.35-57)。

メノニータとパラグアイとの接点は非常に興味深い(これからは、アーミッシュの代わりにメノニータという呼び方を使用する)。パラグアイの北西部に広がるチャコ地方は乾燥していて土地は塩分を含み、雨の少ない不毛の土地であった。独立当初からチャコ地方の経済開発に悩んでいたパラグアイ政府は、一九二七年、この地にメノニータ集団を受け入れる移民協定を締結した。勤勉なメノニータが移住してくるとチャコの土地は一変した。彼らは雨水をためて水を手に入れ、灌漑に苦労しながらも牧畜を発展させ、非常に豊かなチャコ地方に変えてしまった。筆者はその中心都市であるフィラデルフィアを一度訪ねたことがある。ここは首都アスンシオンから四五〇キロメートル離れている。先ず、小中学校の教育はドイツ語とスペイン語のバイリンガルであった。酪農家が集まっている地区の牛乳集荷所を見学した。そこは無人であり、各酪農家は持ってきたミルクの数量と自分の名前をノートに記入することとなっている。ノートに記入されたミルクの総計と、実際に持ち込まれたミルクを計量した数値が毎回一致しているとの説明を聞いて筆者はびっくり仰天した。このメノニータ共同体はラテンではないと直感した。通常のラテン社会であれば、人が常駐してチェックしていたとしても、ノートに申告したミルクの数字と実際計量したミルクの総量との食い違いが時々生じてしまうからである。なお、パラグアイは、チャコ地方の領有についてメノニータ集団の入植後ボリビアとの戦争（一九三二〜三八年）で国境を決着させることになる。

メノニータについては後日談がある。筆者はパラグアイ勤務後の二〇一一年九月、京都国際会館で「科学技術と人類の未来に関する国際フォーラム」（ＳＴＳフォーラム）年次総会に参加した。その際、カナダの科学技術イノベーション担当大臣と言葉を交わす機会があった。彼の姓がドイツ系であったかどうか忘れたが、ともかく通常のカナダ人の姓でなかったので、いろいろ彼のルーツなどについて話しているうちにメノニータ出身であることが判明した。筆者がパラグアイのメノニータの状況を詳しく知っていたこともあり、お互いに親しみを感じて話が弾み、長い立ち話になってしまった。ヨーロッパと北米、南米大陸をつなぐ宗教の強い絆を改めて感じさせられた。

四　カトリックにおける守護神とローマカトリック教会

キリスト教カトリックにおいては、住んでいる街を守る守護神が決まっている。個人の場合も誕生日ごとにその聖人（santo, santa）が決まっている。スペインの首都マドリードの守護神（Santo Patron）は聖イシドロ（San Isidro）、パラグアイのアスンシオンは聖母マリア（Nuestra Señora Santa

María)、アルゼンチンのブエノスアイレスは聖マルティン(San Martín de Tours)である。この守護神の習慣はスペインカトリックの習慣がそのまま中南米に伝わった。因みにメキシコの守護神は聖母グアダルペ(Nuestra Señora de Guadalupe であり、中米ではこのグアダルペのファーストネームを持った女性が多い。

パラグアイのアスンシオンで現地のローマ教皇庁大使(ヌンシオ、Nuncio)と親しく話す機会があった。カトリック国の教会人事のうち、司祭(Sacerdote)、司教(Obispo)などの重要人事は全てローマ教皇庁承認の対象となっている。従って、ヌンシオの仕事は通常の外交活動に加え、その国のカトリック関係者と会い、場合によっては昇任対象者の面接をすることである。後者の仕事のため、ヌンシオは頻繁に国内を旅行することとなる。世界に一二〇名程度の枢機卿(Cardenal)が任命されているが、当然、この人事についてもヌンシオが関わってくる。その意味で、ヴァチカンのローマ教皇庁は中南米のカトリック国と非常に深い関係にある。なお、このネットワークの中にスペインが関与することはない。

現在のローマ教皇フランシスコはアルゼンチン人であり、イエズス会出身のローマ教皇である。彼は第二六六代ローマ教皇として、二〇一三年三月に就任した。ヴァチカン市国元首、全カトリック教会の最高司祭、イエス・キリストの代理者などの肩書を有するローマ教皇は、単なる宗教的な組織のトップというよりも、世界に一二億人以上の信者(二〇一七年統計)を有して、絶えず情報を発信し続け、国際政治・経済、文化の観点から世界的に大きな影響を与えている存在である。これまでの歴代教皇二六六人の大半はイタリア人であるが、初期の二〜五世紀にかけてはギリシャ出身の教皇が数名、また、八世紀にシリア(グレゴリウス三世のことであり、ヨーロッパ外からはフランシスコが二人目)、十四世紀にはフランス出身の教皇も存在した。第二次世界大戦後はイタリア出身の教皇が四代続いたが、直近三代の法王については、聖ヨハネ＝パウロ二世(ポーランド、在位期間：一九七八年十月〜二〇〇五年四月)、ベネディクト一六世(ドイツ、二〇〇五年四月〜一三年二月)、フランシスコ現教皇と三代続けてイタリア出身以外の教皇が続いた。ローマ教皇庁にもグローバル化の波が押し寄せているのであろうか。

フランシスコは史上初のアルゼンチン出身、イエズス会出身に加え、初のラテンアメリカ出身となった。フランシスコは就任直後にヴァチカンの近代化に取り組み、二〇一五年、旧大陸ヨーロッパ向けに「難民受入れ」を奨励するメッセージを発出したが、ヨーロッパでは「アルゼンチンから来たフランシスコはヨーロッパ人の対難民感情の機微を理解していない」などと批判された(竹下2019, pp.241-245、歴代法王表i〜x)。サッカー好きでリオネル・メッシの大ファンであるフランシスコ教皇は中南米とヨーロッパをつなぐ重要な架け橋となっている。

五　教育と科学技術——スペインの科学技術軽視の考え方が中南米に伝わったのか？

一八九八年の米西戦争の敗北をきっかけに、スペインの知識人の間に「九八年の世代」運動

(Generación de Noventa y ocho)が起きた。その運動を起こした一人であり、サラマンカ大学学長を務めたミゲル・デ・ウナムーノ(Miguel de Unamuno)は、法学部・経済学部・文学部が中心的な存在になっているスペインの大学の実情について嘆き、科学技術分野での教育の重要性について警告を発したことでよく知られている。

コリカンチャ神殿入口の石垣（クスコ）

中南米諸国の大学においても、程度の差は多少あるが、社会・人文科学系の学部が自然科学・理工学系の学部よりも幅を利かしているところが多い。このような理科系・科学技術を軽視する傾向がいつ頃、どの分野から生まれてきたのか、納得のいく説明に筆者は未だ接していない。ただ、このような考え方ないし文化がスペインから中南米に伝わったという説明を聞いて何となく理解した。

ペルーのクスコを訪問した際、コリカンチャ(太陽の神殿)をはじめとしたインカの建物の土台の石組みがぴったんこ、かみそりの葉一枚も入らないようにきっちりと合わさって積み上げられているのを見てびっくりした。大変な技術である。これらの石の上に、スペイン人はカトリック教会などの建物を建設した。二十世紀になってから地震により、これらスペイン人の建物はもろくも崩れたが、インカ時代に作られた石組みの土台はびくともしなかった。石組みについて日本のそれと比較してみる。日本の城の石垣は時代を追うごとに精緻になってきて、例えば、一五九〇年(天正一八年)に築城された香川県高松市にある玉藻城に残っている石垣は、結構ぴったんこに石組みされている。しかし、クスコ・コリカンチャの石組みのレベルはそれ以上であった。

二〇一二年、科学技術協力に関する政策対話のためにスペインに出張したことがある。当時、ユーロ導入を契機に悪化したギリシャ経済ほどではなかったが、スペインはかなり深刻な財政危機に見舞われていた。真っ先に切られたのは、教育・科学技術予算である。スペインの大学研究者は、その科学技術予算の惨状について、当時のスペイン首相であったマリアノ・ラホイ(Mariano Rajoy)の名前をもじって、「我々は Rajoynazo されてしまった」と自虐的に筆者に語っていたのが思い出される。

学校を舞台にした悪しき習慣を思い出した。それはプエンテ(puente、橋)である。例えば、火曜日が休日・祭日となった場合、筆者が滞在したコロンビアでもスペイン同様に月曜日を休日にする。つまり日曜日と火曜日との間にプエンテをかけて休みにする。この安易な習慣はスペインでも中南米でも共通であり、結果として年間の授業日数が減ってしまうこととなる。マイアミ・ヘラルドトリビューン紙の名コラムニストであるアンドレス・オッペンハイマーは、このプエンテの習慣を中南米の科学技術が発展しない原因の一つとして嘆いており、ラテンアメリカの教育が抱えている悪しき例を次のように説明している。

「ラテンアメリカの大きな大学では、法律、心理学、社会学、哲学、歴史を勉強する学生がきわめて多く、科学や工学を勉強する学生は少ない。イベロアメリカ諸国機構（ＯＥＩ）によれば、現在、ラテンアメリカの五七パーセントの学生が社会科学を専攻するのに対し、工学や技術学科を選択する学生は一六パーセントにすぎない。

ラテンアメリカはアフリカと並んで新しい製品の研究開発への投資が少なく、世界市場における特許件数の少ない地域である。ラテンアメリカ・カリブ諸国における研究開発への投資は、世界全体の研究開発投資のわずか二パーセントに過ぎない。

ビル・ゲイツが私（オッペンハイマー）に語った。『国の改革には、政府や民間の支援、知的所有権の保護、ベンチャーキャピタルの存在など多くの要因が必要となる。しかし、すべての鍵は教育、そう、教育の質にある。そうでなければ、防衛、法律、医療保険のための高額負担という不利な条件を持ち合わせている米国が、これほど成功を収めた理由を説明できない。中等教育と大学教育、これが秘訣である』」

ラテンアメリカの大学適齢期の若者の二七パーセントが大学や他の高等教育機関に在籍している。これに対して先進工業国では六九パーセントである。ラテンアメリカで大学に行く者がこれほど少ないのはなぜだろうか。初等・中等教育の質が悪いからだ。ラテンアメリカの学校の二〇パーセントは飲料水が不足しており、三三パーセントは十分なトイレがなく、六三パーセントはコンピューター室がないからである。

年間授業日数は、日本二四三日、韓国二二〇日、イスラエル二一六日、オランダ二百日、タイ二百日、米国一八〇日であるのに対し、ラテンアメリカ諸国では、祝日、飛び石連休(プエンテ)、先生たちのストライキを差し引かなかったとしても約一六〇日である。……私たちは世界一長い休暇を取っている」(オッペンハイマー2014, pp.4-15)。

スペインそして中南米の科学技術の遅れについては、別の観点から説明できる。宗教改革にローマ教皇庁が対抗していた時代、スペインはその大学活動をスコラ哲学の支配下に置こうとした。その裏には、当時、他のヨーロッパ諸国のなかで既に活動し始めていた新しい学問、すなわち経験主義的な自然科学の運動を、何とかしてスペインに寄せ付けないようにする意図があった。スペインの科学面での遅れは、自覚の欠如や怠惰の所産ではなく、科学に対して敵対的で相当に懐疑的な態度によるものであった。スペインは、科学と宗教のどちらを取るかという選択に直面したとき、政治的な利益と霊的な関心のからみあった理由から宗教の側に立ったのであった。十六世紀の時点では、スペイン人の科学的能力は他の西洋諸国民に対して決して引けを取るものではなかった。十六世紀スペインの数学者や天文学者は、新たな航海術や地理学の発展に著しく貢献したし、軍事技術面では、特に築城や大砲に関する戦闘技術を発展させた。また、スペインの冶金術は他国に先んじて、メキシコやペルーの大鉱山の採掘能力を著しく高めた(ピコン=サラス1991, pp.171-172)。確かに、十六世紀の宗教改革の時代に取った選択が、スペインの科学技術軽視につながったという説明は非常に興味深い。

六　スペイン衰退の原因

スペインの没落が決定的になったのは一八九八年の米西戦争の敗北であったが、その発端はレコンキスタが終わった一四九二年であると指摘する識者は多い。すなわち、イベリア半島からイスラム勢力を追い出すことに成功したカトリック両王は、ユダヤ教徒に対する弾圧策を取り始めた。そして、キリスト教への真の改宗を拒否したユダヤ人はスペインから追放された。ユダヤ人はその人自身がスペインからいなくなっただけでなく、彼らが身に着けていた科学技術や経済力もスペインから消えてしまったのである。

フェリペ二世のあとのフェリペ三世(在位一五九八〜一六二一年)、フェリペ四世(在位一六二一〜六五年)の治世において、スペインは奢侈に流れ、政治は王の取り巻き・寵臣の思うままに動かされた。戦争は絶えなかったし、その戦費を賄うのは大問題であった。スペイン衰退の原因は歴史的現実を無視した何かに憑かれたような巨大なエネルギーの浪費と、その結果から来る疲弊である。所詮アメリカの征服も一連の個人的な壮挙と言うべき部分が多い。適切、効率的な政治・行政に欠けていたし、組織性がなかった。植民地中南米からの上がりを工業の発展に使うことにも失敗した。植民地からの金銀の流入、その交易の利益はスペインの肥大化した王室の財政を賄うにも不十分であったばかりか、植民地に輸出する商品を他のヨーロッパ諸国から輸入するために使われた。まして、ヨーロッパの金融の中心になるには程遠いものであった。このスペイン帝国は三世紀続いた（有本 1983, pp.64-66)。

スペイン没落の始まりである米西戦争の敗北は、いくつかの要因が積み重なって起きた。七つの海を支配したスペイン帝国の驕り、ユダヤ人の追放、後発欧米列強の発展などが挙げられよう。いずれにしても、スペイン凋落の原因を短い言葉で説明するのはなかなか難しい。

第七章　移住、ヨーロッパ、対米関係の観点から見たスペインと中南米

一　双方向で移住し合うスペインと中南米

中南米が独立して二百年余りになるが、その間のスペインとスペイン語圏中南米諸国との関係を包括的に論じることは難しい。政治的に近い時期もあれば、経済面で相互依存関係にあった時期もあった。

ここではスペインからの移民の流れに注目したい。本国スペインでの経済状況が悪化した時には、人々はその解決策、可能性を求めて中南米へ移住した。これは正しくカレーラ教授の指摘したとおりである。農業が主産業であり、スペインの中では所得が低いアンダルシア地方の住民は中南米に移住した。その意味で、米国のケネディ大統領の祖先が、ジャガイモ飢饉(Potato famine)の時代にアイルランドから米国に移住した事情と似ている。当時移動の手段としては船しかなかったが、ポルトガル・スペインの大航海時代に発達したこの交通機関は、太平洋を越えて確実に目的地に人や物資を届けたということで大きな役割を果たした。

逆の動きも全くない訳ではない。人間的なつながり、仕事ないし勉学の関係で中南米からスペインに戻る人たちも少なからず存在する。基本的な背景は経済的移民と言える(渡部 2007, pp.93-103)。

筆者は二〇〇〇年代前半、こうした逆戻りの中南米の人たちにスペイン各地で出会った。彼らの大半は、「大変な覚悟をして外国(スペイン)に働きに来た」、というより、「つてがあったので同じスペイン語圏の国にやってきた、上手くいかなければまた母国にもどればよい」という軽い気持ちであったことを記憶している。この点、一旗揚げるまでは日本に帰らないという強い覚悟で中南米に移住してきた日本人とは大分趣が違っている。

二　内なるヨーロッパと外なるヨーロッパ

中南米の人がスペインを含めたヨーロッパに対する感情はどのようなものであろうか。中南米諸国の多くが長年にわたり、国際政治の中で西欧諸国に近い立場を保ってきたのは、米国の影響と圧力による部分もあるが、もう一つの大きな要素として、伝統的な支配層が西欧への親近感を強く持ち、東西冷戦下では西欧を含めた西側陣営と運命をともにすることに抵抗を感じなかったことが指摘されている。

「中南米の指導者や知識人のヨーロッパに対する反応は大きく言って次の三つに分かれる。第一は中南米で伝統的に強いヨーロッパ中心主義の立場に立つ人たちである。第二は、中南米とヨーロッパとのつながりを敢えて切ろうとする訳ではないが、中南米はヨーロッパとは異なる独自の文明を形成しており、第三世界とヨーロッパ先進国グループのどちらにも強くコミットしない立場をとっていくべきである、と考える人たちである。第三は、中南米を感情や理性の面でヨーロッパ世界から切り離そう、非西洋化を図ろうとする人たちである。このようなヨーロッパに対する複雑な気持ちの結果、中南米の知識人たちも、各人それぞれ違った反応を示している。

メキシコ人が西洋文明の中に組み込まれていながら、その正統な継承者として名乗ることのできない屈折した感情について、メキシコの思想家レオポルド・セアは次のように述べている。『ラテンアメリカ人にとってヨーロッパ文化との関係は、アジア人のそれに対する関係とは異なった種類のものである。われわれはアジア人のように土着の文化の継承者であるとは考えていない。たしかに、アステカやマヤ、インカなどの土着の文化は存在したが、われわれ現代のラテンアメリカ人にとっては、東洋の古い文化が現在のアジア人に対して意味するところとは違っている。マヤの寺院はわれわれにとって、インドの寺院と同じぐらいに異質で無意味なものである。ヨーロッパ文化は土着にはない感覚をわれわれに与えてくれるが、それが自分のものであるとは感じられない。それは、あたかも財産を相続する権利のない私生児のような思いである』。

このように、ラテンアメリカ人の屈折した感情、欧米に対する劣等感ないしアンビヴァレンスについて、多くの知識人が記録にとどめていることは興味深い」(中川 1974, pp.159-165)。

ラテンアメリカの知識人と出会い、その一部の人たちとは親しくなって話題が多岐にわたることが時々あった。そのうちに、彼らの中に、特にヨーロッパに対して複雑な感情があることに気づいた。前述の中川論文においても、内なるヨーロッパと外なるヨーロッパという概念を使っている。「内なるヨーロッパ」とは、ラテンアメリカが主として近代合理主義以前のイベリア半島から受け継いだものであり、それは欧米の産業文明とは異なる土着した貴族的価値観、階層的社会観、家父長主義、カトリック的普遍主義である。一方、「外なるヨーロッパ」とは、一九世紀後半からの近代化、西欧化の波に乗って、イベリア的伝統を否定して近代ヨーロッパ、特にアングロサクソン的功利主義を取り入れることによって出てきた考え方である。十九世紀後半のアルゼンチンの近代化・西欧化の促進者ドミンゴ・サルミエントに象徴される生き方であろうか。

それ以来、今日に至るまで、こうした内なるヨーロッパ、すなわちラテン的精神主義と、外なるヨーロッパ、非ラテン的近代合理主義の相克がラテンアメリカの中で繰り返されてきた。中南米の人々がヨーロッパに対して複雑な感情をもっていることについては、筆者自身もずっと感じていた。ただ、その度合いには極めて個人差があり、一般化することは難しい。

三　陸と海のたたかい

ドイツの思想家・哲学者カール・シュミットによれば、世界史は陸の国に対する海の国のたたかい、海の国に対する陸の国のたたかいの歴史であるそうだ(シュミット2018, pp.37-38)。スペインと中南米との関係をこの視点から分析してみると興味深い。

スペインはレコンキスタ終了までは全く陸の国であった。しかし、その後は、ポルトガルに遅れて「大航海の時代」に入り海の帝国となる。そのきっかけを作ったのがコロンブスによる新大陸への到達であった。十六世紀に世界帝国となったスペインは、海の国イギリスと覇権を争った。その意味では陸の国と見なされるが、中南米との関係を考えれば、海の国としての側面もある。スペインの海の国としての国力は徐々に衰退していったが、一八九八年の米西戦争時までは世界戦略と呼べるようなものが少し残っていたであろうか。米西戦争での敗北後、スペインはしばらく国内志向になり、陸の国が復活した。しかし、一九七五年末のフランコ没後に民主化が始まってからは海の国としての戦略に目覚め、一九八六年、フェリッペ・ゴンサレス首相の時のＮＡＴＯ加盟とＥＣ加入で海の国としての一面を取り戻した感じがある。スペインはポルトガル及びフランスと陸続きの国境を有しているが、その他は周りを海で囲まれており、海の国になる地理的条件を兼ね備えている。

中南米の国々を「海の国、陸の国」の視点からどのように区別するのかは難しい問題である。圧倒的に海の国であるのはメキシコとチリであろう。スペインはガレオン船を用いて、メキシコのアカプルコとフィリピンのマニラを結ぶ太平洋での貿易を始めた。このガレオン貿易は一五七二年から二百四十年余り続いた。西に向けて新大陸の銀が運ばれ、東に向けては中国の絹織物や陶磁器などが送られた。ガレオン貿易はメキシコの独立に伴い一八一五年に廃止されるが、長い間スペインの経済を支えた。そして、スペインの航海術はガレオン船の運航を通じてメキシコに伝えられた。

一方、チリは南北四三〇〇キロに及ぶ細長い国で、地形的には陸の国であるが、感覚的には島国であり、陸路を補う交通手段として海に頼った。チリは独立後も海軍力を蓄積し、太平洋戦争（la Guerra del Pacífico 一八七九〜八三年）では、ペルーとボリビア相手に勝利を収めた。チリは地理的に不利な条件を海の国になることで克服した。チリは、現在、貿易立国になることでその経済を発展させている。

内陸国であるパラグアイとボリビアは陸の国である。アルゼンチンとブラジルは共に長い海岸線を有しており、その意味では海の国であるが、内陸部も広大であり、陸の国としての要素もある。

四　対米関係、国連の場で見たスペインと中南米

一八九八年の米西戦争以降、ラテンアメリカとスペイン、それぞれの歴史は別の道を歩み始めた。ここでは先ず、一九七六年以降の民主化過程における米西関係に焦点を当てて、アメリカ合衆国の対中南米関係との比較で述べてみたい。

冷戦構造下の時代、アメリカ合衆国は軍事面での対ソ連比較優位を確保するために欧州同盟諸国の領土において米軍基地を手当てすることに苦心した。その意味で、地中海、中東、アフリカ地域に対して地政学的な優位性を有しているスペインで、緊急時に使用できる基地を確保していることは重要であった。

フランコ政権末期、さらにフアン・カルロス国王の下、アドルフォ・スアレス（Adolfo Suárez）政権、フェリッペ・ゴンサレス（Felipe González）政権と続く中で、在マドリードの駐スペイン米国大

使も絡んで、在スペイン米軍基地の使用問題ひいてはスペインのNATO加盟に向けての一連の外交交渉が両者ほぼ対等な立場で行われたことは非常に興味深い（細田 2012, pp.204-208, 215-217）。

他方で、中南米諸国とアメリカ合衆国の場合については、キューバ革命以降の米キューバ関係、米ニカラグア関係、あるいはパナマ独立当時の米コロンビア関係を分析してみると面白い。これらの場合、程度の差こそあれ、米国側の一方的な、かつ極めて身勝手な立場から事態がいろいろ進行していたことが対照的であった（渡邉 2021, pp.746-748）。そこは冷戦時代、中南米が米国の勢力圏下にあったということであろうか。

スペイン政治の原動力は、フランスのように原理原則ではなく、個人の人格である。スペイン人政治家やスペイン国民は政治的見解を変えやすい。スペイン人にとって政治はドラマであり、客席に座る国民は、主人公の「成長」に従って意見を変えていく。その意味からも、一九八六年のNATO残留に関する国民投票は重要であった。スペインは外交政策を策定して実行する際に、広く国民のコンセンサスを得る必要性を迫られていたからである（細田 2012, pp.227-228）。

国際政治の舞台で、EU（欧州連合）の一員であるスペインと中南米グループ（GULAC）はどういう動きをしていたのか。筆者が国連代表部に勤務していた経験では、テーマによってそれなりの連携があったように感じている。

一九九〇年代後半、国際連合安全保障理事会（安保理）改革はかなり大きな動きがあった。安保理常任理事国入りを目指すドイツ、日本、インド、ブラジルとそれを阻止しようとするイタリア、メキシコ、韓国などは国連の表裏の舞台でしのぎを削っていた。ドイツの安保理常任理事国入りにはイタリア、日本に対しては韓国、インドについてはパキスタン、ブラジルについてはメキシコやアルゼンチンが反対していた。常任理事国入りを希望する四カ国はG4というグループを作り、これに対抗するイタリア、メキシコなどはコーヒーグループを作って対抗していた。コーヒーグループのリーダーはイタリアであり、老練なイタリアの常駐代表フルチ大使が幅広く活動していた。

スペインの立ち位置はどうであったか。一九八六年にEC入りしたスペインはブラッセルから補助金を受けてその経済基盤を強くしていた段階にあった。国連の場では、EUの主要メンバーであるドイツとイタリアが安保理改革の問題では対立していることもあり、EU全体の立場として明確に安保理改革支持を表に出していなかったように記憶している。スペインは自国が何もメリットを受けないこの安保理改革には反対という立場であった。

その時のスペインの動きは興味深かった。どの加盟国に対しても開かれているコーヒーグループの会合には出ていた。しかし、余り積極的な発言はしなかった。他方、国連会議場の廊下やラウンジにおいて、スペイン国連代表部の外交官は同じスペイン語圏のメキシコやアルゼンチン外交官と頻繁に接触していた。スペインは、恐らくこれらの国から情報をとり、安保理改革に反対するようにけしかけていたのではないか、と想像している。正しく、マルチ外交・国連の場で、スペインと中南米とのスペイン語同士のつながりが機能していたのである。因みに、この安保理改革の問題は加盟国同士の利害が錯綜し、二〇二二年の現時点でも未だ解決していない。

第八章　経済面から見たスペインと中南米

一　中南米地域の経済

スペインが独立後の中南米諸国の経済発展にどのような影響を与えたのか、一言でまとめるのは難しい。少なくとも大土地所有という土地制度はそのまま残った。以下、中南米地域の経済、貧困、債務危機などに触れてみたい。

中南米諸国と言っても各国により面積、人口、民族、天然資源、気候などで大きな相違点が存在する。一方、これらの国々が、地理や言語に加えて、多くのもので結ばれていることも確かである。スペイン領とポルトガル領植民地の境界線は存在したが、三世紀にわたる植民地支配を経験したという点では同じであり、独立後の新しい共和国の政治経済上の運命を形作るのに決定的な役割を果たした。

独立当初、各国の指導者たちは、中南米地域の広大な未開拓の土地に眠る天然資源を開発するための資本と熟練労働者を投入し、ヨーロッパの豊かな市場へアクセスできれば、中南米の経済は大きく発展し、先進国に仲間入りするものであると信じていた。ところが、話はそれほど簡単ではなく、それから約二世紀がたっても、その夢は未だ実現していない。ＯＥＣＤ加盟国であるメキシコ、チリとコロンビア、ＢＲＩＣＳの一員としてのブラジルなど相対的に経済発展を遂げた国はあるが、完全に先進国に仲間入りしたとは言えないし、いくつかの国は貧しい状態のままである。中南米は概して中進国が多く、世界の最貧地域に入るわけではないが、一九世紀を通して中南米よりもずっと低い生活水準であったアジアの一部の国々に追い抜かれてしまった。どうしてだろうか（バルマー＝トマス 2001, pp.1-5）。

スペインと中南米とのつながりを念頭において、先ずは従属論に言及する。一九六〇年代、資本主義社会には、「中心」として支配する立場と、「周辺」として従属的な地位に置かれる立場とがあると見る従属論が一部経済学者の支持を集めた。その経済開発・戦略理論を提唱したのが、アルゼンチン出身の経済学者であり、ＵＮＣＴＡＤ（国連貿易開発会議）の設立当初に同事務局長となったラウル・プレビシュ（Raúl Prebisch）である。彼は、「ラテンアメリカにとり、外国の協力は国内的努力を補完奨励する手段としてのみ重要である。種々の理由から、外国貿易面でもっと確固とした方策が必要である。ラテンアメリカは、域内相互間貿易のかなりの潜在力を浪費している」（プレビッシュ 1971, pp.40-42）と警告し、途上国が一時的に援助などの形で富を受け取るよりも、貿易構造を変えて、輸出を増加させなければ経済発展しないと主張した。この考え方は、ＵＮＣＴＡＤを中心に展開された南北問題の議論を支え、最終的に特恵関税制度の創設につながった。

この従属論は、世界の途上国の経済後発性すべてを説明しきれないとしても、ヨーロッパと中南米との経済関係に関し、一八一〇年代の独立当初から少なくとも一世紀程度の期間については該当すると思われる。他方、一九九〇年代に一部の経済学者は、中南米のいくつかの国が、域内の他の国よりも経済発展面でかなり良好な成果を上げていることを十分に説明できていないとして、この従属理論の限界を指摘し、後進性の原因を別のところに見つけようとしている。

スペインがスペイン語圏中南米を支配した三〇〇年間、ヨーロッパ文明を持ち込んで生活レベルを格上げした部分はあったにせよ、スペインは、基本的に富の収奪、金・銀等の財をカルタヘナなど新大陸の港からセビーリャ、カディス等へ移転したことである。この中南米の富が、フェリッペ二世に代表されるスペイン帝国の繁栄の基礎となったのである。

カルタヘナについて、筆者がコロンビアに赴任するまで知らなかった話がある。スペインは植民地であった中南米の富、金や銀をカリブ海の港町カルタヘナに一時保管し、そこから船でカリブ海を通過して大西洋に出てスペインに向かった。これを狙ったのがイギリス人を中心とするカリブ海の海賊であった。ディズニーのピーターパンに出てくるキャプテン・クックは正しくカリブ海でスペイン船を襲った海賊の話が元になっている。

二　貧困は中南米特有のものか？

一国における経済格差を表す指標としてジニ係数が知られている。〇から一までの数字で表され、〇・五〇（パーセント表示で五〇・〇〇）を超えるとその国の社会は富の格差が極めて大きいとされる。ワールドデータアトラスによれば、二〇一八年の各国のジニ係数を比較した場合、コロンビア（四八・九〇）、ホンジュラス（四八・三〇）、チリ（四五・九〇）、メキシコ（四五・九〇）、ペルー（四五・四〇）、ブラジル（四四・九〇）、パラグアイ（四四・九〇）、ボリビア（四三・五〇）など中南米のほとんどの国が四〇・〇〇パーセント（〇・四〇）以上になっている。一方、同じデータでスペインのジニ係数は三四・三〇、日本のそれは二九・九〇となっている。

中南米における所得分配の不均衡は大きいと言えるが、その原因はスペイン植民地時代の負の遺産であるとよく指摘される。植民地時代、土地分配はきわめて不均衡であった。十九世紀初めの独立時においても土地制度の基本は変革されなかった。

筆者が勤務したことのあるパラグアイの土地制度の問題点を述べる。先ず土地台帳（土地の登記簿）が不正確である。一つの土地に複数の所有者が存在することもある。特に、パラナ川沿いの農地については後から入植してきたブラジル人と従来からのパラグアイ人が同じ土地について所有権を争い、しばしば紛争の種となる。土地台帳が不正確であるから土地課税もいい加減になってしまう。また、土地の相続については、登記変更手数料を形式的に支払う程度であり、相続税は払わない。従って、大地主の子供や孫たちはその広大な土地を半永久的に引き継ぐこととなる。この土地制度が独立後も続いており、不均衡な所得格差の大きな要因となっている。前述したジニ係数はあくまでも所得に着目したものであるが、中南米における土地に関するジニ係数はきわめて不平等なものであると聞かされた。こうした土地制度の非近代性・不平等性を中南米における貧困、経済的不平等の一因として指摘している識者は多い。

中南米諸国の経済格差は、本国スペインとは関係なく、全く中南米側の原因によるものなのか。この点について、筆者は長い間、疑問を持っていた。

一九七〇年代後半、フランコ総統の死去のあと、国王フアン・カルロス一世を中心にスペイン社会は急速に変化し始めた。いわゆるスペインの民主化である。この時代、スペインに滞在した筆者は、スペイン国内を旅行し、その経済の実態を観察する機会があった。マドリードやサラマンカの町の中は別として、少し離れたところでは貧困を感じた。それは先述したジプシーの部落だけではなく、スペインの地方全体に共通した印象であった。やがて一九八六年、ＥＣ(欧州共同体)に加盟したスペインは、ブラッセルから構造調整基金などの補助金を得て経済的に大きく発展した。マドリードの北一〇〇キロにあるアヴィラの町までは直ぐに高速道路ができた。一方、マドリードの北西二〇〇キロにあるサラマンカまでは、途中までは高速道路を利用できたが、サンチドゥリアンで方向を西に変えてから先は昔ながらのおんぼろ道が長い間続いた。アヴィラにはアドルフォ・スアレスがいたが、サラマンカには彼のような政治家がいなかった、という説明をスペイン人の友人から聞いて納得した。

中南米の貧困は滞在した各地で観察した。一九九九年、アルゼンチンのブエノスアイレスに滞在した際、街中のカレフォールという大型ショッピングセンターの入り口で、警備員により入場を拒否されている近くのヴィジャ（スラム街）の子供たちを何度か見かけた。一九五〇年代初め、アルゼンチンの裕福な家庭の出身であった医学生エルネスト・ゲバラ（Ernesto Guevara）（通称、チェ・ゲバラ）は、オートバイで南米大陸を旅行し、各地で貧困の悲惨な状態を観察して革命思想に目覚め、フィデル・カストロと一緒に「キューバ革命」を成功させたのは余りにも有名な話である。

パラグアイ国内を移動した際、国道一号線ないし二号線から約五〇キロメートル程度、少し内陸部に入った村々では貧困は当たり前であった。小学校が歩ける距離にないため、なかなか学校に通えない子供たち、必ずしも電気が届いていない地域に住んでいる人たち、地域に保健所が存在していない地区などその貧困の状況はさまざまであった。また二〇〇九年ごろ、筆者は、パラグアイの首都アスンシオンで身寄りのない出産前の若い女性たちを収容している施設を訪問する機会があった。暗い大部屋で家族に助けられることもなく、赤十字関係者の善意によってひたすら出産を待っている彼女たちの状況は悲惨そのものであった。

中南米の貧困の原因としてはいろいろ考えられるが、大きな要因は教育と母子保健サービスの欠如である。二〇〇〇年に策定された国連のミレニアム開発目標（Millennium Development Goals＝MDGs）の第二目標（初等教育の完全普及の達成）と第四、五、六番目の目標（乳幼児死亡率の削減、妊産婦の健康改善、感染症蔓延の防止）は真にこれに該当する。

三　教育の罠は貧困の罠につながる

ポール・コリアーはその著書『最底辺の十億人』の中で、アフリカの貧困実態を分析した結果として、紛争の罠、天然資源の罠、内陸国の罠、小国における悪いガバナンスの罠が貧困につながると結論付けている。そして、貧困から抜け出す最も確実な手段としての教育に言及している。

紛争の罠とは次のような過程をたどることである。大半の途上国は、独立してからも、低所得、低成長、一次産品輸出への依存、といった問題を抱える場合が多い。すると内戦＝紛争が勃発する可能性が極めて高くなる。ひとたび内戦が始まると経済は打撃を受け、平和な間に達成した成長が元も子もなくなってしまう。そうなれば、内戦あるいはクーデタのリスクがさらに増える。

一方、内戦については、低所得国の場合がずっと起こりやすいと指摘されている。また、内戦が始まった時の国の所得が低ければ低いほど、内戦は長期化する。コリアーによれば、内戦によって国の成長は年間で約二・三パーセント低下するという（七年間戦争を続けると、その国は約一五パーセント貧しくなる）。

天然資源の罠とは、貧困の状況下で価値ある天然資源が発見されると、逆説的ではあるが、貧困が増大するという考えである。天然資源の発見により、その国は一時的に収入が増え、通常の経済活動を怠っても、いわゆる「不労所得」で生活できることとなり一定期間、存続する。しかし、例えば石油価格が急激に減少した場合、これに対応できなくなり、経済の崩壊が始まる。産油国ベネズエラの場合、キューバモデルを取り入れ、教育・医療を無料化にした。しかし、バラマキ政策に加えて近年の油価下落により財政が破綻し、ベネズエラ経済は崩壊した。

国が陸地に囲まれている場合にはそれがハンディキャップとなり、その国の経済成長率は約〇・五パーセント低下するとの研究結果が存在する。これが内陸国の罠である。南米の内陸国パラグアイは、競争力の高い農産物を輸出する場合、川船で下った後は、アルゼンチンないしウルグアイの港で外航船に積み替える必要がある。パラグアイ経済の運命はこの輸送に依存している。底辺十億人に生きる人々の三八パーセントは陸地に囲まれた内陸国に住んでいる。

小国における悪いガバナンスとは、ガバナンス(国の統治)と経済政策が、その国の経済実績に大きな影響を与えることを言う。優れたガバナンスと経済政策があれば、その国の経済は成長するが、実現可能な成長率の上限はせいぜい一〇パーセント程度である由。一方、悪いガバナンスと誤った経済政策の場合、その国の経済は恐るべき速さで崩壊する。貧困は人的な要因により極めて容易にもたらされる(コリアー2008, pp.37-114)。

貧困は、二つのメカニズムを通じて子供の学力に影響を与える。

①子供の栄養状態と学力との間に強い相関関係がある。貧困女性は、低体重児を出産する可能性が高い。低体重児、栄養不良児は授業の理解度が低くなる。

②貧困地区では教育の質の問題が存在する。ただし、この学校要因は学力について決定的ではない、とも言われている。

また、児童労働は子供の就学を妨げ、貧困のサイクルが何世代も存続することにつながると指摘されている。

次に、人間の安全保障の観点から、基礎教育の重要性を説明する。

読み書きや計算が出来なければ、それだけで生活が脅かされる。南米コロンビアでは、和平合意が成立して元ゲリラ兵（FARC）のコロンビア社会への復帰が大きなテーマとなっているが、元ゲリラ兵の非識字率は約四〇パーセントである。

人々が収入の多い仕事に就くためには、基礎教育が不可欠である。急速にグローバル化が進み、厳密な仕様に沿った品質管理と生産が要求される現在、基礎教育なくして高収入の仕事は遂行できない。一九六〇年代後半、一九七〇年代の日本の高度経済成長を支えたのは、質の高い教育を受けた（高卒、高専卒、大卒の）工場労働者であった。読み書きができなければ、法的権利を理解し、これを行使する能力は著しく制限される。識字力のない女性の場合、実際に有している権利を利用する上でもかなりの障害に直面する。学校教育を受けていない人々が困窮すれば、その困難な状態を埋め合わせる方法や手段からも遠ざけられ、不安定な状況へと突き落とされる。

非識字の問題は社会における犠牲者の政治的な声を封じ、彼らの不安を非常に拡大させる。基礎教育の力があれば、人々の発言力は増大し、彼らを守る力につながる。女性の教育と識字率の向上が、子供の死亡率を下げることについては、多くの開発途上国で指摘されている（セン 2006, pp.28-31）。貧困から脱却するための最も確実な手段・解決策は、時間がかかるけれども「教育」である。

四　独立前後の中南米経済

一八二〇年代初めまでに中南米地域の大半は独立した。独立前後から一九世紀末に至るまでの中南米諸国の経済、そしてスペインとの関係はどうであったのだろうか。三世紀にわたる植民地時代に構築されて徐々に発展した新大陸の経済システムは、一晩にして取り壊すことはできなかった。ここでは、先ず中南米諸国が受け継いだ植民地経済の特徴について考察してみたい。

新大陸の経済組織は、各地域の差はあるにせよ、征服者たちが到着するにつれて大きく変化した。ただ、その中心には重商主義の原則が存在した。すなわち、貿易などを通じて外貨準備などを蓄積することにより、貴金属や貨幣などの国富を増やすことを目指す考え方である。スペインやポルトガルでは、国内では十分な量の金銀を手に入れることができなかったため、重商主義の原則に従い、貿易によって正貨である金銀を蓄積することを目指した。中南米植民地の輸入する商品はすべてスペインとポルトガルのものでなければならなかったし、中南米からの商品輸出は金銀を除き、中南米域内に向けられることとなっていた。その結果生じた商品貿易赤字は、スペインとポルトガルへの金銀の輸出によって補填された。中南米植民地が他国と貿易すれば、それはスペイン・ポルトガルとの貿易赤字を減少させ、金銀の輸出額を減少させることになるので、重商主義はこの動きを抑制した。その結果、スペインとポルトガルは中南米との貿易をほぼ独占し、中南米の輸出品の唯一の買い手となった。しかしながら、中南米からの商品輸出は、それが宗主国の商品と競合しない限りは促進された。かくして、タバコや砂糖などの熱帯産品の輸出が促進されることとなった。

植民地経済が徐々に発展するにつれて、スペインやポルトガルが独占していた重商主義の構造も変化していった。これらの宗主国は植民地が必要とするすべての財を提供できなくなり、英国、フランス、オランダの貿易商との活発な密貿易が生じた。一七五九年に始まったブルボン王朝の改革により、スペインはその植民地の国内及び対外貿易システムを真剣に見直すこととなった。スペインは正式にはその外国貿易の独占を放棄することはなかったが、輸出入の取引は簡素化された。中南米からの商品輸出は益々拡大し、スペインからの再輸出あるいは密貿易を通じて、他のヨーロッパ諸国と結びつくようになった。同じプロセスはブラジルにもみられ、ポンパル改革(ポルトガルの宰相であったポンパル侯による改革)によって貿易上の制約が緩和され、ミナス・ジェライス州からの金産出の減少を補う商品輸出が増加した。また、中南米域内の貿易、特に農産品の輸出も増加するようになった。

植民地時代において、工業部門はイベリア半島以外からの輸入禁止によって保護されていたが、コストが高く技術も遅れていたので、密輸品と競合することは困難であった。しかしながら、ヌエバ・エスパーニャの繊維製品に象徴されるように、一部の商品は植民地内で貿易取引されるようになった。一八世紀後半のブルボン改革は、鉱業、農産品輸出、域内貿易に基盤をおいて長期にわたり発展した。一八〇〇年までに中南米は第三世界の中では既に最も豊かな部類に入り、一人当たりの実質国民所得（GNP）は一九六〇年価格で二四五ドルに達し、北アメリカの二三九ドルとほぼ同じレベルであった。

このような中南米地域の経済的な優位性は独立運動の混乱によって弱体化した。域外貿易は減少し、多くのイベリア半島出身者が帰国したことにより、この地域から資本が流出し、財政システムは事実上崩壊した。一方、政治的に独立することによりこれらの新興諸国は、植民地経済に存在した多くの問題点を改善する立場に変わった。特に、本国による外国貿易の独占は、植民地時代を通しての頭痛の種であり、中南米が最も高い価格で販売し、最も安い市場で購入できる機会を奪っていた。対外貿易独占の終焉により、独立国の貿易状況は大きく改善した。また、新興諸国は国際市場において資本調達の機会を与えられた。具体的には、ロンドンの株式市場と英国の投資家が新たな共和国が発行した債券に素早く反応したのである。

これら新興国は、独立により自由貿易と国際資本市場に参入する利益を得たが、同時に植民地支配の崩壊に伴い、いくつかの不利益を被った。第一に、数多くの独立国と一つの帝国（ブラジル）が誕生したことで、これまで中南米で機能していた事実上の関税同盟に終止符が打たれた。第二に、資本が逃避したことにより、資本蓄積の構造が消滅した。第三に、財政システムが崩壊したことで、新政権によっては新たな課税を導入したため、政治的な問題に発展した。第四に、新たに独立した共和国にとって追加的な財政支出が増えたため、財政不均衡が悪化した。政府軍の維持経費、独立戦争に従事した兵士たちへの恩給支給、戦争被害への賠償支払いなどがその内訳である。

植民地経済下において存在した制度のいくつかは、独立後もそのまま継続した。プランテーション、アシエンダ、小規模農園、先住民の共有地などの土地制度はほとんど影響を受けなかった。また、独立したばかりの国で実施された大規模な土地の譲渡は、植民地時代のやり方を踏襲する傾向があった（バルマー＝トマス 2001, pp.19-25）。

五　アルゼンチン経済と債務問題

アルゼンチン経済について言及する。アルゼンチンはその国力の豊かさにもかかわらず、政府の財政基盤が弱く、債務危機にしばしば直面していたし、残りの中南米諸国の経済とは少し違うように感じていた。植民地時代あるいは独立前後の経済的経緯が関連しているのであろうか。

新大陸植民地における経済活動の立地条件に着目した場合、アルゼンチン領は植民地時代、最も後進的な地域の一つであった。アルゼンチンは、新世界の他の地域と比べて、植民地経済の中心となるような重要な地下資源が開発されておらず、地理的条件にも恵まれていなかった。アルゼンチンは、ほぼ十八世紀末まで穀物と畜産品を生産していたが、これらは生産者の自家用消費もしくは地元市場向けの生産に限られていた。この中で、皮革輸出は唯一の例外であった。十八世紀中ごろからアルゼンチン領のパンパに植民地型牧場（エスタンシア）が出現した。このエスタンシアでは、大規模生産の熱帯農業や鉱業経済とは比すべくもなかったが、使役労働も若干ながら利用された。

アンデス山脈のみならず、中部、北西部の山間地帯にも金その他貴金属の鉱脈が開発されていなかったため、宗主国スペインのアルゼンチンに対する関心は高くなかった。三世紀にわたって、国際貿易と直結した生産部門がアルゼンチン領のいかなる地点にも勃興しなかったことが主な理由で、労働力や資本がアルゼンチンへほとんど流入してこなかった。かくして、十六世紀から十八世紀の間に、他の植民地世界は海外貿易と直結して大発展を遂げたのに対し、アルゼンチンはその成長率も低く、相対的に後進的な地域にとどまった（フェレール 1974, pp.22-25）。

アルゼンチンは独立戦争のあとも内戦が続き、国家統一が達成されたのは一八一六年の独立宣言から四五年もたった一八六一年、ミトレ大統領が連邦制と中央集権制の問題に決着をつけ、ブエノスアイレス中心の政治を始めてからであった。このため、前述した植民地時代の後進性に加えて経済インフラの整備が遅れ、他の中南米地域との経済格差が拡大した。さらに、その広大な国土における運輸インフラが大きく欠如していた。この点は、一九八五年の大来レポートがいみじくも指摘したとおりである。

アルゼンチンの農牧業は十九世紀前半のロサス時代から発展し始めていたが、一八八〇年代以降、ヨーロッパから移民が流入し、自由主義の下で急速に発展していった（渡邉 2021, p.176）。しかし、植民地時代の後進性、独立当初の政治混乱と経済インフラ未整備などによって、アルゼンチン全体としては、国家としての体裁と整合性を欠いたまま二十世紀に突入した。

アルゼンチンの場合、国民は豊かであるが、常に財政運営に苦しむという宿痾を抱えている。それは可能な限り税金を支払わないというイタリアの伝統文化がアルゼンチンにもそのまま伝わっているように筆者は感じた。

債務問題が中南米経済の代名詞のように使われてから久しい。どうして中南米諸国は頻繁に累積債務問題に直面するのであろうか。スペインから引き継いだ負の遺産の部分があるのだろうか。

一九七〇年代初頭までに、世界経済と国際貿易政策においていくつかの大きな変化が起こり、当然、中南米経済も影響を受けた。第一に、先進国の実質賃金の上昇により先進国と開発途上国との間に大きな賃金格差が生じ、その結果、多国籍企業が先進諸国以外での単純労働集約型の生産を開始し、新たな国際分業の形が成立した。第二に、UNCTADほか他の国際機関が途上国に有利な貿易特恵制度の創設イニシアティブを推進し、一九七〇年代初めまでに大部分の先進諸国が一般特恵制度を採用したことにより、中南米を始めとした途上国の貿易環境は大きく改善した。第三に、一九七〇年代、石油のみならず一次産品の価格が急騰したことにより、多くの中南米諸国の交易条件が急激に改善した。これらの結果、中南米経済は、輸出促進、輸出代替、そして一次産品輸出型の開発という三つの反応を引き出し、輸出部門の更なる強化につながった結果、伝統的な輸入代替工業化は足踏みをすることになった。しかしながら、輸出促進のモデルは顕著な成功にはつながらず、中南米は自らの経済成長を促すために、海外からの借り入れに益々依存するようになった(バルマー＝トマス 2001, pp.255-257)。

一九八〇年代は中南米にとって「失われた十年 la Década perdida」と言われた。この十年間、中南米経済は失速し、メキシコやアルゼンチンなどで債務問題が表面化した。

一九九九年から二〇〇二年までのアルゼンチン債務危機について、筆者は当時ブエノスアイレスに滞在していたため、現地で、特に市内の動きなどをつぶさに観察することができた。

一九八〇年代、アルゼンチンは、他の中南米諸国と同様に累積債務問題とハイパーインフレに悩んでいた。しかし、一九九一年にカレンシー・ボード制を導入して自国内の通貨供給量を外貨準備高以下に抑え、アルゼンチンペソの対ドル交換比率を一対一に固定化したことにより、国際的な信認が高まった。しかし、一九九九年のブラジル通貨危機を契機に不安定な状況になった。一九九九年十二月のフェルナンド・デ＝ラ＝ルア政権が発足してからわずか半年経った二〇〇〇年後半にはアルゼンチン政府の債務に対するデフォルト懸念が高まった。国債の金利上昇など金融市場の不安定さが増したことが一因である。当時、現地の新聞等がデフォルト懸念について頻繁に報道していたことを筆者は記憶している。ワシントンからＩＭＦ関係者が交渉のためブエノスアイレスに頻繁に来訪するようになった。二〇〇〇年末にはデ＝ラ＝ルア大統領が退陣し、その後は度重なる大統領の交代劇が続いた。九〇年代前半にはその実力を評価されたカバロ経済相が二〇〇一年三月に再登場したが、期待に反して事態は収拾されなかった。

ＩＭＦ交渉団から政府の財政支出削減を要求され、その結果としての公共料金引き上げが報道されると、一部の市民たちはブエノスアイレスの市街に繰り出し、鍋をたたきながら抗議デモを行った。いわゆる「カスエラソ(cazuelazo、鍋叩き抗議デモ)」である。その時アルゼンチン国民の対応はバラバラであった。祖父母がイタリア人ないしスペイン人の若者たちは母国アルゼンチンをさっさと見限って、イタリアやスペインへ職探しに出かけた。筆者が借りていたアパートの家主は、外国人の借主から毎月ドル現金で家賃をもらっていたため、経済危機など全くどこ吹く風で、週末はブエノスアイレス郊外のティグレで優雅に過ごしていた。これも、国は貧しくとも人々は豊かである証左である。あの一九八六年のメキシコ・ワールドカップでマラドーナが活躍し、アルゼンチン国民が一体となった「まとまり」、高揚感がこの経済危機に際しては全く感じられなかった。

2001 年アルゼンチン経済危機（国会前広場での抗議デモ）
プラカードには「みんな辞めろ」と書いてある

二〇〇一年末、アルゼンチン政府はデフォルトを宣言し、対外債務支払いを停止した。さらに二〇〇二年二月、米ドルペッグ制を放棄して変動相場制に移行し、ついにカレンシー・ボード制が崩壊した。対日関係について言及すれば、日本のサムライボンドなど対アルゼンチン債権が踏み倒され、日本経済界のアルゼンチンに対する信用度は急降下した。国自体は本当に豊かでありながら、このような通貨・債務危機を起こすアルゼンチンに住んでいて筆者は非常に不思議に感じた次第である。

以上の中南米累積債務問題について、宗主国スペインはどのように関わっていたのか。少なくとも一九八二年のメキシコ債務危機に際して、中南米とのつながりを意識するスペインは、国際的なつなぎ融資に参加し、一億七五〇〇万ドルを提供した。一方、二〇〇〇年のアルゼンチンの債務危機の時に、スペインが特に何かしたという記憶はない。勿論、スペインは、こうした債務経済危機の際には、問題を抱えた中南米の国から労働者を受け入れている。

この債務問題を全く別の観点から解釈する。中南米諸国民はあまり先のこと、借金返済のことなど考えずに、借りられるときに必要な額だけ借りるという、いわゆる安易な考え方を持っているようだ。それはスペイン、中南米に特有のものではないか、と筆者は感じている。

スペインでも中南米でも、「そんなの大したことないよ(¡No pasa nada!)」、「誰かが払ってくれるよ(¡Alguien va a pagar!)」という楽観的かつ気楽に生きることを肯定する表現をしばしば聞いた。ラテン特有の人生観なのであろうか。

第九章　人間関係と性格、ラテンアメリカ社会の特質

一　血縁的なつながり、アミーゴとしての互助会組織

中南米人の気質についてもう少し述べたい。先ずスペインと中南米社会での人間関係について考察する。

中南米スペイン語圏の人と会って、真っ先に注目すべきは父親、母親系の二つの姓(apellido)である。これにより、その人のルーツなり血縁的な背景がある程度想像できる。結婚する場合、相手の父方の血縁、そして母方の血縁が自分の家族に対してはっきり説明できれば十分である。スペイン語を母国語とする人たちにとっては、血縁関係が最優先であり、結婚する相手の国籍などは二の次である。そして、第四章「クリオージョと混血」のところで述べたように、中南米では、移民、国際結婚によって血縁的なつながりが大きく拡大していったのである。勿論、例外も存在する。コロンビアのメデジン地方いわゆるパイサ(paisa)は同族結婚により純粋性を守った地域として知られる。パイサについては、「彼らは自分たちの地域さえ良ければそれで十分であり、国全体のこと

を考えていない」、とパイサ地方以外の人たちからの批判があることを聞かされた。逆にパイサの人たちには、「美人の産地パイサに対する彼らの妬みだよ」と冗談交じりに反論された。
血縁のつながりについては複雑であり、このテーマを法則化することは難しい。

次に、アミーゴ(amigo、友だち)としてのつながりに着目する。スペインや中南米社会では「コネ(enchufe)」が大きく幅を利かせており、筆者もこの便利さを実感した。すなわち、普通のルール・手続きでは実現しないこと、たとえ法律違反スレスレのようなことであっても、アミーゴの世界では不可能なことが可能となる。このアミーゴ関係が形成される経緯はさまざまであり、きちんとした規則性ないし法則性は存在しない。しかし、一つの場は学校である。同じ小中学校・高校や大学で学んでいる間に仲のいいアミーゴとなった場合、この持ちつ持たれつの関係は大体生涯にわたり長く続くことになる。

筆者がコロンビアで観察した事例を紹介する。ボゴタの街は交通渋滞がひどく、これを回避するために、北部の市街地と官公庁が集中している旧市街地とを結ぶ、シルクンバラール(Circunvalar)と呼ばれる山沿いのほとんど信号がない道路が存在する。この近道の途中に、CNG(Colegio Nueva Granada)という名門の小中高一貫校がある。ここではスペイン語と英語でのバイリンガル教育が行われており、卒業生はハベリアーナ大学などボゴタ周辺の一流大学に進学し、さらには弁護士、企業家、政治家としてコロンビア社会の指導者層に上り詰めていく。しかし、このCNGの小学校に子供を初めて入学させる場合、入学金が一人当たり日本円で約一五〇万円近く必要であると聞いた。その弟ないし妹を入学させる場合はかなり減額になる。いくら子供が優秀であっても通常の家庭でこの金額を支払うことは非常に困難である。かくして、CNGにはコロンビアの裕福な家庭の子女のみが通うこととなる。そしてこの学校で培われた子供あるいは保護者である親同士の人間関係はいろいろなところで役に立ってくる。すなわち、コロンビア社会でのコネを手に入れるためには大変な額の初期投資が必要であるということである。

別の説明をカルタヘナ観光のガイドから聞かされた。コロンビアをはじめとした中南米の社会では、「貧乏人同士のもぐらたたき」が存在し、裕福な層はこれに全く関りを持たない。すなわち、バスないし地下鉄のなかでの窃盗、街中の道路での強盗は、とある貧乏人から別の貧乏人への所得の移転である。ボゴタ市民の足は「トランス・ミレニオ」というバスであるが、この中ではスリ犯罪が頻発している。富裕層は安全な自家用車で移動し、公共の交通機関を利用しない。そもそも、これら二つの階層は交差することなく、貧乏人は貧乏人同士で限られたパイを奪い合う「もぐらたたき」をするわけである。一方、金持ちの層は、このもぐらたたきに参加することなく、別の世界で何らかのセーフティーネットに守られて一生涯を過ごすことになる。悪いことに、この構造的な格差は是正されることがない。

二　ペルソナリスモから成る中南米の政治と社会

中南米社会の政治と社会の在り方を規定する重要な要素がペルソナリスモである。これは、法律や国家、行政機関など冷たい非人格的な存在を信用せずに、家族や友人などの個人的な人間関係を尊重する価値観・考え方である。相互不信の支配する中南米社会で、植民者、クリオージョ、メスティソたちは、拡大した家族、友人関係など個人関係を軸にして安住できる空間・サークルを形成していった。これがいわゆるアミーゴの世界である。この中では比類ない友情関係が存在するが、この個人的なネットワークから一度外に出ると、信頼関係は希薄になり広がっていかない。政治面においては、厳しい階層社会のもとで、身分や財産、権力や地位の異なる二者の間で、忠誠の見返りに庇護や恩恵を期待する直接的で垂直的な相互依存関係が優先される。同一階層内の横の連帯関係は希薄であり存在しないに等しい。かくして植民地社会では、権威主義的でエリート主義的な支配や統治の伝統の基礎が形作られた。この個人的関係を重視する傾向は征服者によって持ち込まれた。これが正しくスペインと中南米とのつながりである(遅野井 2005, pp.71-72)。

このペルソナリスモはカウディリョ政治につながる。中南米は、個人関係という人的ネットワークや垂直的な主従関係を優先させる社会である。社会関係は家族、洗礼などを通じた拡大家族、友人関係などのネットワークを中心に展開される。そして人的関係は、個人的な関係を重視する態度や自分の損得勘定によって決まる。「アミーゴ」の関係が幅を利かす社会である。この傾向はスペインよりも中南米の方が濃厚である。それは植民地時代に西ヨーロッパ文明が余り浸透しなかった先住民社会を抱える広大な「新大陸」を統治した経験から誕生したものであろう。人々は政党や政治運動において、忠誠関係を軸に結成される個人的な人間関係、すなわち有力なカウディリョを中心に動くようになってくる(渡邉 2021, pp.105-106)。

三　スペイン人の性格、ラテンアメリカ人の気質

ここで、スペイン人の性格に注目してみたい。スペイン人の性格のマイナス面は自己中心主義かつ傲慢であると言われている。スペイン社会に精通した識者の見方を紹介する。

「スペイン人は自らの傲慢を最大の罪と見なしている。また、スペイン人は相手の罪を不問に付すことはしない。それどころか徹底的に追及する。自らを被害者の立場に置き、極端なまでの攻撃の正統性を是認している。……日常の生活でも、些細なことにせよ黙っておれない。攻撃を受ける側も黙っていないから、よく見られる丁々発止の激論となる。それが国を二分するような内乱であっても事情は同じで、悲劇が増幅されることになる。

妬みはスペイン人の根本的な孤独から生まれる。ウナムノは、スペイン民族の最も恐ろしい共通の腫瘍、あるいはスペイン国民のらい病の熱と規定し、これがスペイン人をして永遠の不平不満や、反旗を翻し何かと言えば挑みかかる分子に仕立てている。

スペイン人は他人の長所、美点、優越を認めるのに大変苦痛がともなう。仮に人を誉めても、その誉め言葉は完全であり得ない。自らの劣勢が明白になると、スペイン人は自動的に知覚過敏とい

ってよいほど反発する」（有本 1983, pp.112-128）

以上の辛辣な指摘はかなり手厳しいところがあるが、筆者のスペイン人との交流歴に照らし合わせれば、大体当たっているように感じている。勿論、個人差があるし、スペイン人全てがこれらの短所を持っているわけではない。また、これらの欠点を補って余りあるスペイン人の長所、すなわち、楽天主義、思いやり、人生を楽しむ術を熟知していること、があることを強調しておきたい。

一九七九年、筆者が最初の二年間の滞在を終えてスペインを去る際に、スペイン人の国民性について記したメモが見つかった。前記とかなり重なるが、敢えて紹介する。

①誇り（Honra）：自分、家族、地域、母国の恥を嫌う。
②血筋（Sangre）：家族との結合を大切にする。
③個人主義（Individualismo）：自分のことしか考えない、相手の意見を聞かない。
④楽しむ（Divertirse）：生活を楽しむ、時間にルーズである。時間をきちんと守るのは、退社時間と闘牛の開始時間。
⑤コネ（Enchufe）：人とのコネが重要。フェアプレーの社会ではない。

①及び②について補足する。筆者のスペイン留学時代、同じように日本の企業からスペイン語研修のために派遣された友人がいた。彼はカッコよく性格もいいので直ぐにスペイン人女性のガール

フレンドができた。ある時、会話のはずみで、彼は彼女の母親について悪口というか少し皮肉っぽく発言したらしい。その後、彼は三時間近く、彼女につるし上げられた、と筆者にぼやいてくれた。真に、家族とか国の悪口を言うことは禁句である。

⑤に関連したことを述べる。スペイン外務省に筆者の親しい友人が数名できた。そのうちの一人アントニオ(仮名)は頭脳明晰で性格もよくて仕事ができるのにどういう訳かポストに恵まれない。ある時、筆者が彼にその理由を聞いたら、「No estoy en ese circlo.(自分はあのお友達同士のコネ・グループの中に入っていない)。従って、昇進・出世については余り期待していない」と愚痴っぽく教えてくれた。

自己中心主義、傲慢、自己顕示欲、妬み・嫉妬——これらの性格が中南米人にどれほど伝わったか、というのは難しい設問である。個人差がありすぎるような気がする。ただ、集団的に行動することに慣れている日本人と比較すれば、中南米の人々は基本的に個人主義、悪く言えば自己中心主義が強いと言える。

筆者の土地勘があり、知人・友人も多い南米三カ国に限って、これらスペイン人の欠点・短所がどの程度あてはまるか見てみたい。

アルゼンチン人の場合、気になるのは嫉妬・妬みである。もっとも、これはスペインというよりイタリアから来ていると言った方が正しい。筆者がアルゼンチンで体験したことを述べる。三〜四人程度の複数でおしゃべりしている時には、彼らは和気あいあいとしていて目の前にいる人の悪口を決して言わない。ところが、一人去り二人去って残された人が筆者とアルゼンチン人一人のみになると、彼はたった今去っていった二人の悪口を突如言い始める。その人の性格、教育程度の低さに始まり、最後には容姿にまで言及する。こんな状況で国はまとまらないなあ、と筆者は感じた。

パラグアイ人は概して素朴な性格を有しているが、自己顕示欲というか頑固さだけは強い。また、自国について大変な誇りを持っている。ある時に知人から夕食に招待された。夕食が終わって真夜中を過ぎても主催者である彼の自慢話は続き、招待客の疲れた表情など全くお構いなしである。筆者を含め疲れていた招待客をなかなか解放してくれない。とうとう我々の方から、「時間も遅いのでおいとましたい」と言わざるを得なかった。

コロンビア人の場合は、傲慢かつ頑固な性格の人が多い。特に見知らぬ相手に対しては絶対に譲らない。ある週末、ボゴタ郊外の観光地に行った際にそこの駐車場に車を止めていた。短時間の見物を終えて駐車場に戻り車を出そうとした時に、向こうから一台の車が入ってきた。筋から言えば、入ってくる車が少しバックしてくれればよいのに先方の男性は全く譲らない。押し問答が十、十五分続いたであろうか。結局こちらが折れて相手の車のために通り道を空けることで本件は解決した。同じような現象が首都ボゴタの街でも起こる。信号のない交差点でコロンビアの運転者は自分の車を少しでも前に突っ込む。他人の車を先に通せば渋滞が解消する場合であっても絶対に譲らない。そのため、渋滞が解消せずに、自分の車も相手の車も動けなくなって不利益を被る。

これら三者に共通するのは自己中心主義である。スペイン、中南米地域全てではないが、ラテンアメリカ人気質は、自己主張を限りなく続けて相手に絶対譲らないこと、であると感じた。

ラテンアメリカ人には、「気軽に口約束し嘘をつく」傾向があると指摘されている。その場の雰囲気を壊さないために、実現できないようなことでも口約束し、結果として嘘をついて相手を困らせてしまうというのである（中川 1995, pp.49-50）。ただ、この点について筆者は別の意見を有している。長い付き合いの真の友人であれば、決して相手を裏切って困らせるようなことはしない。その場限りで出会った人であれば、今度会いましょう、とか適当な口約束をする。要するに、相手の微妙な表現により、口約束ないし社交辞令なのか、本当の約束なのか大体分かってしまう。

ラテンアメリカ人は、普段、国を余り意識して行動しない。国民全体が激しく燃えてまとまるのは、サッカーの国際試合（南米カップなど）と近隣国相手に戦争をするときだけである。それ以外の場合は、自分の国籍が何であるかなど意識しない人が多い。勿論、国民性について一般化することは危険である。アルゼンチン、パラグアイそしてコロンビアで、筆者は人間として本当に魅力的でかつ他人に対する思いやりが出来る素晴らしい人に出会ったことを付け加えておきたい。

スペイン、イタリア、南米のアルゼンチン、パラグアイ及びコロンビアに併せて十七年間生活した筆者は、自分なりに「ラテン人の気質とは何か」ということを学んだ。少なからずの反対意見が存在することを承知の上で、次のようにまとめてみた。

①生活を最大限に楽しむこと。
②家族・親戚、友人、その地域の人たちとの生活を大切にすること。
③国全体のことは余り考えない、法律・制度については必要最小限(自身にマイナスの影響が及ばない程度に)守る。

生活を最大限に楽しむことの最も良い例は食事である。この点、ラテンアメリカ諸国は、海の幸山の幸に恵まれていて食事が美味しい。移民から成り立っている中南米の人たちは、国についてはさておき、家族をはじめとした自らの周辺の人たちに対しては配慮して守っていこうとする。

第十章　意思決定におけるスペインと中南米の頑固さ
――政権移行期と独立運動・内戦・戦争の場合

一　意思決定における特徴

固い頭(Cabeza dura)、頑固さ(terco)はスペインから中南米に伝わったのか？　このスペイン人の性格ないし国民的性格がどのように中南米人に伝わったのかについては既に述べたが、この傾向が中南米の国家、社会レベルおいても観察されることを見てみたい。

三つの特徴について紹介する。

①自分の意見、主義・主張にこだわる。妥協しない。

スペイン人はその政治的な主張を決して曲げず、最後は墓場まで(Hasta la tumba)持っていくと言われる。一方、イタリア人は、一〇〇人いれば政党が一〇一出来る(一〇〇番目の人が二つの意見を持っているから)、と言われるが、最後のところでは柔軟性があると理解している。集団のなかでも自らの主張を曲げずにその正当性を主張し、最後まで頑張る人がスペインでは評価される。大体の落としどころを見て、早い段階で妥協策を出すスペイン人は評価されない。ともかく、性格の頑固さはスペイン人のインテリないしリーダーの特徴であり、中南米の政治リーダーの中でもこのような人に出会うことがある。

②組織においても「人」で動く

多くの組織においては、その構成員、特にリーダーの個性が重要であり、その個性によって組織が大きく左右される。組織にいわゆる"Institutional memory"(組織に属している記憶)などは存在しない。人が代わればその組織も変わる。

従って、寄せ集めの部隊・陣営ではまとまらず、内部分裂を起こす。一九三六年から始まったスペイン内戦において、当初は非常に優勢と見られていた人民戦線側が途中で内部分裂を起こし、最終的には、強い組織力を示した反乱軍(Nacionalistas)側に敗北した。最終目的のために団結するという意識の欠如が人民戦線側の大きな敗因の一つであった、と言われている。

③法律と実際の法解釈・法適用との大きなズレ

スペイン、そして中南米諸国においては、憲法をはじめとした立派な法体系が存在する。英米法体系と比較されるこのラテンの成文法体系は隅々までしっかりできていて、関連する法体系同士の矛盾・齟齬などはあり得ないことになっている。また、この法体系を執行するため裁判官、法律学者、弁護士など多くの法曹関係者、法学部学生等が存在する。

しかしながら、これらの法律が、その国の国民生活を守るため、規範になって役立っているかと問われれば、答えは否定的である。法を執行する行政機関においてもその時の状況に応じて恣意的に法が執行されるし、裁判所の判決も然りである。

当該国の政治家、支配者層は、現存する法体系を、自ら、あるいはお友達を含めた自らのグループのために、「正当化する手段」として利用する。従って、中流・下流階級者層はいつまでたっても努力してその立場を逆転させることはできない。

三番目の点について具体例を挙げる。

コロンビアではトゥテラ(Tutela)という制度が存在する。コロンビアに住んでいる人たちの基本的人権を擁護するための法制度である。最高裁判所(Corte Suprema)により、人権が侵害されていると判断されれば、いかなる案件でも取り上げて審議し、その審議結果(判決)の実施を命令できる。ところが、いかなる案件をトゥテラとして取り上げるかは全く最高裁裁判官の一存に委ねられている。従って、裁判官が時の政治権力と癒着すれば、極めて不自然な判決が出されることとなる。

このトゥテラの背景について補足説明をしたい。

植民地で打ち建てられた統治方式は、カスティーリャの法と制度を引き継ぐものであった。その統治の性格はカスティーリャの伝統を踏襲し、封建的かつ中央集権的であった。現在の中南米諸国においても、行政権を持つ大統領の権限が強大で、国・時代によっては民主主義の法を超えて専横的ですらある。中南米では三権分立の原則による議会や司法のチェック機能が十分に働いていない。この人々の政治意識というか、法律に対する姿勢・慣行は独立によっても変わらず、市民間の平等や自由を重視し法を絶対視するアングロサクソン流の権利意識とは甚だ文化を異にしている。そして人々は不法状態の中で生活することに慣れ、今日でも法の軽視や回避という現象が慣習化している事例が見られるという（渡邉 2021, pp.103-104）。

別の指摘をする者もいる。

概して中南米は司法権や立法権、すなわち法が余り尊重されない社会であるから、その伝統に乗じて支配者層は現存する法体系を自ら、あるいは自らのグループを「正当化する手段」に使っている。裁判所もそれに迎合するところがあり、行政機関はその時々の状況に応じて法を恣意的に執行する。それがネポティズムや腐敗の温床になるという（遅野井 2005, pp.72-74）。これらの見方には筆者も多分に同意できる。

二　政権移行期の正義――頑固さ故に人権保障は二の次

アルゼンチン及びチリの軍政時代、当時の軍事政権に反対した人たちが甚大な人権侵害を受けたことを知り、筆者は、フランコ政権がスペイン内戦の勝利後に第二共和政関係者を徹底的に弾圧した事実を思い出した。両者に共通点はあるのだろうか。

一九七五年二月、アルゼンチン政府は、治安が著しく悪化し、国家転覆の活動につながると危惧されたゲリラメンバー、労働組合関係者、学生活動家、左派の政治家、ジャーナリスト、教員などを拘束した。いわゆる「汚い戦争(Guerra sucia)」の始まりである。さらに、一九七六年三月のクーデタ以降、強制失踪者の数は急増した。失踪した子供たちを探すために、家族や母親たち、そして人権NGO団体が活動を始めるようになり、これらの動きは一九七七年に結成された「五月広場の母親の会」(Grupo de Madres de Plaza de Mayo)につながっていく。この「汚い戦争」の時代、軍部は反対勢力の若者たちを夜中、ヘリコプターに乗せて上空からラプラタ川に落としたそうである。アルゼンチン人であるから、あたかも牛などの家畜を扱うように処理したという悲しい話を筆者は聞かされた。

一九七〇年に発足したチリのアジェンデ政権は一九七三年九月のクーデタにより崩壊した。アジェンデ政権が農地改革、銀行の国有化、五大銅山の国有化などの急速な構造改革に対して、軍部や右派政党は危機感を抱いてクーデタに至った。問題はクーデタ直後の左翼勢力に対する人権侵害である。先ず軍事政権はアジェンデ政権関係者を含めた反対勢力に対し、大規模な逮捕・拷問を実施し、強制失踪の対象とした。さらに、大統領の直属機関として国家情報局(Dirección de Inteligencia Nacional, DINA)が設立され、アジェンデ政権下での有力な政治家などを選別的、計画的に誘拐、逮捕し、拷問、虐殺するようになった。一九七六年九月、アジェンデ政権の国防相であったレテリエル（Orlando Letelier）がワシントンにおいてアメリカ人秘書と共に自動車爆弾で殺害された。この事件直後、チリの人権侵害に対する国際的な非難が高まり、ＤＩＮＡは別組織に再編成されることになる（杉山 2011, 第4〜7章）。

筆者はチリでの勤務経験がないので、ピノチェト軍事政権による弾圧の状況を直接聞く機会はなかった。ただ、一九九〇年代後半にサンチアゴを訪問してモネダ宮殿を見学した際に、ガイドから、一九七三年のクーデタ当時の弾痕が壁に残っていることを教えてもらって悲惨な歴史を思い起こした。

チリについて補足する。南米チリの政治については「チリの例外主義（Chilean exceptionalism）」ということが言われる。チリは、一八三〇年から一九七三年までの約一世紀半の間、一時期を除きほとんどの政権が合憲的な政権交代を果たした。その例外も、短い内戦後の一八九一年と、四人の大統領が辞任を余儀なくされた一九二四年から一九三二年までの騒乱期のみであった。また、一九九〇年三月に軍事政権より民主制に移行してから二十年余り、周辺の国とは全く異なる経済成長を遂げた（安井 2010, pp.113-115）。

プロチレ（ProChile）はチリ外務省の下部機関であるが、関係省庁及び民間と密接に連携・協力してチリの輸出促進、チリへの海外投融資呼込みなどの分野で活動している。プロチレが成功した結果、Pro Paraguay、Pro Colombia など周辺国がその組織を真似るほどになった。その成功の秘訣は何か。南北四六〇〇キロメートルにわたる細長い国チリは太平洋に面しているという地の利を活かして、常に貿易立国を目指していた。筆者も何度かチリを訪問したが、他の南米諸国とは異なる「何か」を感じた。航空会社ランチレ(LanChile)(現在はLATAMチリ)は、中南米の他の航空会社と異なり、運航がしっかりしており、南米的でないことで信頼されている。その意味でも南米の例外である。チリは、EC加盟後のスペインではないかと感じた。国連ラテンアメリカ・カリブ経済委員会(ECLAC)の本部はチリのサンチアゴに置かれている。また、ニューヨークに滞在した際、中南米出身の国連職員のなかでもチリ出身の職員は特に優秀であることに気づいた。チリは、一九七三年のクーデタとその後の軍事政権による人権侵害で国際的なイメージを悪化させたが、一九九〇年以降の民主化プロセスで見事にプラスのイメージに転換することに成功した。

チリの民主主義の伝統については、次の四つの点が指摘されている。第一に、中央集権体制が早期に確立されたこと、第二に、中南米の多くの国に存在する寡頭勢力を中心とした保守勢力が民主主義手続きを支持したこと、第三に、チリは、ボリビア及びペルーを相手にした太平洋戦争(la Guerra del Pacífico)を含め、領土を巡る近隣諸国との戦争に相次いで勝利し、硝石と銅鉱床のおかげでその後の経済発展の基礎を築いたこと、第四に、十九世紀を通じた軍の輝かしい実績にもかかわらず、サンチアゴの寡頭勢力が軍に対する文民統制の徹底に成功したことである。以上の意味においても、チリは中南米における例外であったと言える(安井 2010, pp.114-115)。

スペイン内戦が終わった後、フランコ総統を頂点とする国民戦線政府(Nacionalistas)は、敗れた人民戦線政府関係者(Republicanos)に対する弾圧を行った。それはすさまじいものであった。多くの指導者たちは隣国フランスあるいはメキシコまで逃れた。一九七〇年代後半にサラマンカに留学した筆者は、知り合ったスペイン人から、具体例には言及することなく、ともかくフランコ一派による人民戦線関係者への弾圧は徹底的であった、と聞かされた。結局、スペイン内戦の大きな傷を癒したのは時間であった。世代交代が進み、スペイン内戦の悲劇を直接経験した人たちが政治、社会の中心から外れていくにつれて内戦の思い出は歴史となっていった。

アルゼンチン軍政時代の弾圧、チリのピノチェット政権の弾圧、スペイン内戦後の国民戦線側による弾圧、全てに共通していたのは、「敵を徹底的に許さない」という厳しい気風であった。キリスト教の寛容な「許す気持ち」からほど遠い。このような敵に対する峻厳な態度はスペイン人、中南米諸国に特有のものではなく、他の地域、別の時代にも存在したであろうが、スペイン・中南米においては特に強いような気がする。

三　カタルーニャ独立運動

最後に、戦争という非常事態において、スペインと中南米における意思決定・政策判断における共通点ありや、という観点から、カタルーニャ独立運動、コロンビア内戦、パラグアイの三国同盟戦争を分析してみたい。

筆者はサラマンカとマドリードに住んだことに加え、その他スペインの地方についても主だったところは大体旅行した。バルセロナそしてカタルーニャ地方について、特に偏見は有していないし、特段の違和感も持っていないが、残りのスペインの地方と比較してどこか違うという印象を持っている。マドリードからバルセロナに着けば、何かフランスを感じるし、逆に、フランスから国境を越えてバルセロナに戻ってくるとスペインを感じた。二〇〇〇年代の半ば、バルセロナ郊外にあるカタルーニャ工科大学で、日本とスペインとの関係、日本の科学技術について講演したことがある。冒頭の二、三分程度であるが、にわかに覚えたカタラン語で挨拶すると、聴衆の学生たちから歓声が沸き上がった。その際、マドリードとは異なるカタルーニャの熱い気持ちを感じた。

一九七八年の新憲法に基づき開始されたスペイン民主化の大きな柱の一つは、バスク、カタルーニャ、バレンシアなどの各州に地方自治を与えたことであった。その結果設立されたカタルーニャ政府(Generalitat)は年ごとに実績を重ね、経済力の背景もあり強くなっていった。

カタルーニャの歴史について要約することは難しい。以下、先行研究の助けを借りて、筆者なりにまとめてみた。

カタルーニャは中世において勢力を拡大し、特にカタルーニャ・アラゴン連合王国の時、その影響はバレアーレス諸島、サルデーニャ島、シチリア島など地中海の島々やギリシャの一部まで及んだこともあった。しかし、スペインのレコンキスタ達成以降は、一時は同盟関係にあったアラゴンとカスティーリャに引きずられて、カタルーニャはそのままスペインに飲み込まれたまま二十世紀

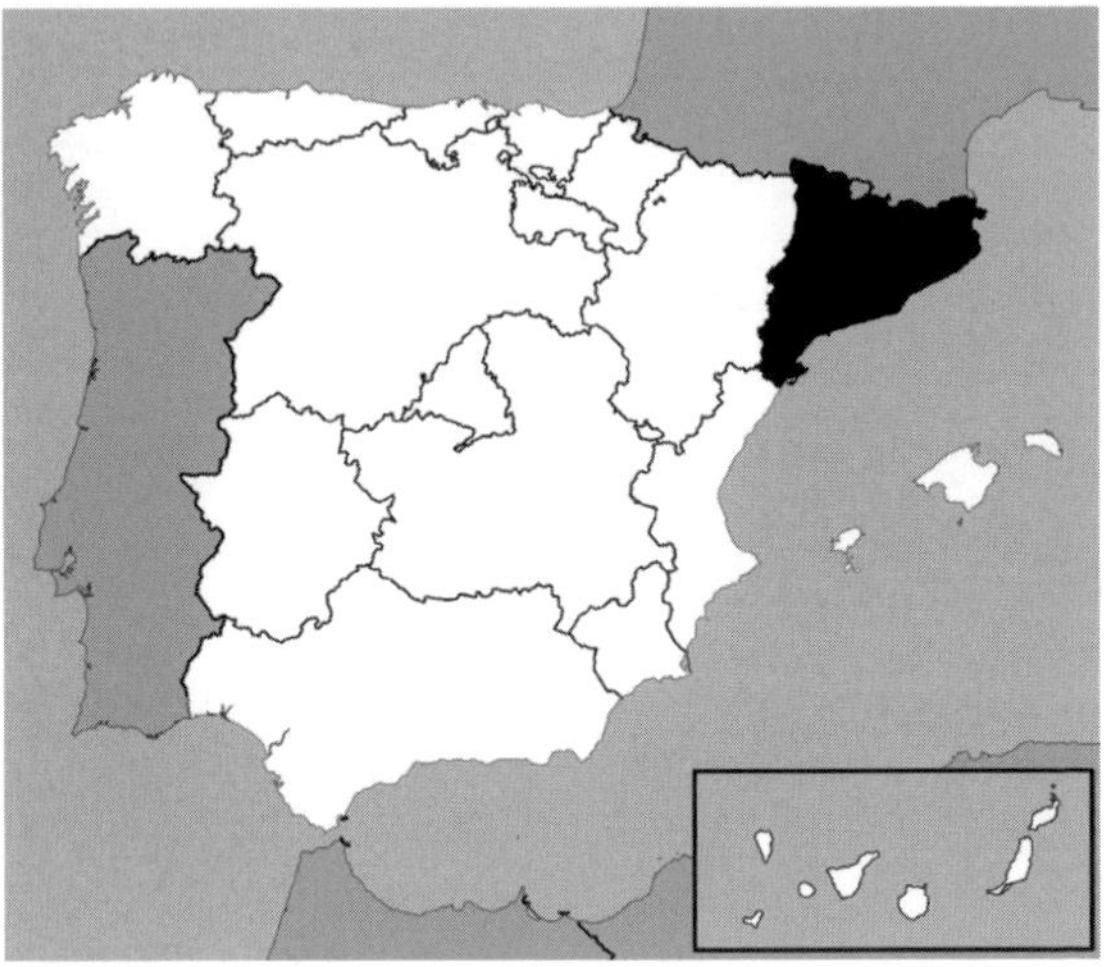

カタルーニャの位置関係：北側にフランス、西にアラゴン州、南西でバレンシア州と接している。

を迎えた。

第二共和政発足後、カタルーニャはその中心の一つとなり、スペイン内戦（一九三六〜三九年）においてもフランコ率いる国民戦線側と戦った。その結果、フランコ側勝利のあと一九七五年まで三十六年間続いたフランコの独裁政権下において、カタルーニャは徹底的にいじめられることとなった。カタラン語を話すことが禁止されてもカタルーニャの人たちは我慢しつづけ、風向きが変わるのを待たざるを得なかった。そして、Generalitatが発足してからは前述のとおり、カタルーニャ独立に向けて着実に動き出した（田澤 2019, pp.206-248）。

ただ、このフランコ時代に、カタルーニャの人たちが「徹底的にいじめられた」という表現については、スペイン国内には、これはカタルーニャ独立運動主義者たちの主張・見解に過ぎないという意見が存在することを補足したい。

以上のカタルーニャの歴史の中で、独立に向けての強い意志、あるいは頑固さが感じられる。ただし、カタルーニャの人口の半分はもともとカタルーニャ以外のスペインの地方から移住してきた人々であり、現状維持、すなわち独立を望んでいない。しかし、長年の軋轢の中でマドリードの中央政府との間で大きな溝が出来てしまったことに加え、フランコ後の民主化の象徴としてカタルーニャの人たちの心をずっとスペインにつないできたファン・カルロス一世国王の退位も大きく影響して、カタルーニャ住民の気持ちは揺れてきた。

二〇二〇年当初からスペインでも新型コロナ感染症が拡大し始めた。その際のカタルーニャ州政府とマドリード中央政府との対立の中で、カタルーニャ独立問題がどのように展開していったのか、現地事情に詳しい市川秋子氏の見方を紹介する。

「最近、スペインやカタルーニャに関心ある方たちから、新型コロナ感染危機でスペインが大打撃を受ける中でカタルーニャ独立運動はどんな影響を受けているのか、と聞かれることが時々ある。これについては、逆に『カタルーニャ独立主義がコロナ危機(具体的には危機への対応)にどう影響したか?』と考えると分かりやすい。というのは、独立主義派はコロナ禍があっても何があっても何も変わらなかったからである。

独立主義派はカタルーニャ州政府という憲法に基づく国の一機関をほぼ四十年にわたって掌握してきた。大きな予算と権限を持つ州政府そのものが独立運動の先頭に立っているという構図である。そこで、コロナ危機が始まって以来、州政府がどう動いてきたかをざっと振り返ってみたい。

スペインでにわかに新型コロナ感染者が増え始めたのは二〇二〇年二月下旬のことであるが、バルセロナでも感染者が出始めていた。ただ最初のうちはマドリッド市や周辺での感染拡大が目立つ程度であった。当初カタルーニャ州政府は、『カタルーニャはマドリードのように感染が広がることはありえない。我々だけで十分対応する能力がある。そもそもカタルーニャで見られた感染はスペインの他地域とは全く関係ない別のものである』として、カタルーニャ・ナショナリズムの特徴の一つである『スペインに対する優越感』の路線をとっていた。しかし、(スペイン全体で感染者数が爆発的に増え始める)二〇二〇年三月九日の週になってカタルーニャのイグアラダ市というところで感染者数が急増し始めた。そこで、州政府は同市を含む地域を封鎖するよう中央政府に求め、その結果三月十五日の警戒事態開始の数日前に同地域が一足早く封鎖されることになった(基本的に、外部との往来を禁止する封鎖や外出禁止の措置は国だけの権限である)。

当初はスペイン中央政府が何ら措置を執ろうとしないことに対する批判が全国的に盛り上がっており、カタルーニャ州政府も『スペイン政府は無能、それに対してカタルーニャはコロナ危機に対応している』という宣伝路線をとっていた。しかし、もはや手に負えなくなると今度は『カタルーニャは無能なスペイン政府の犠牲になっている』という、カタルーニャ主義のもう一つの典型である被害者意識(victimismo と呼ばれている)に訴えて、プロパガンダ戦略に路線を切り替えた。スペインでは医療権限が州政府に移譲されており、国の保健省は権限もインフラも人員もごくわずかしか残っていなかったので、警戒事態下で中央政府はこの権限を一時的に中央に一本化することを決めた。その時にカタルーニャ州政府としては、『我々の権限を国が奪った』と抗議することもできれば、カタルーニャの惨状の責任を国に押し付けることもできたわけである。

医療関連の指揮権統一といっても、当時のスペイン政府の対応ぶりは最悪であり、各自治州がそれぞれ自衛策をとらなければならなかったのも事実である。そんな中で、全国で軍が出動し、国はインフラや公共の場所の大掛かりな消毒作業、医療機関の手がまわらない高齢者施設の救援、野戦病院の設置などで活躍するのであるが、カタルーニャ独立主義者たちは『軍は（バルセロナ空港や駅などの）消毒でなくウイルスを撒き散らしに来ている』、『（救援に来た）軍人を見たらわざと抱きついて感染させろ』といったメッセージを広めた。そして、感染状況が最も危機的だった二〇二〇年三月末から四月にかけ、州内で設置された軍や治安警備隊の野戦病院に許可を出さず、地方の町や高齢者施設が軍の救援を要請するのを邪魔し、その結果、医療崩壊がますます深刻化し、高齢者施設でも何十人単位で入居者が亡くなるケースが続出した。それでも州政府は、『カタルーニャが独立国で、スペインに依存することなくコロナ危機に対応できていたら、こんなに多くの人が死ななかったはず』と言い続けていた。このことなどはカタルーニャ主義の根底にある、マドリード中央政府に対する露骨な憎悪と侮蔑の感情を煽る手法と言える。

警戒事態は六月二十日で終わり、それ以降コロナ危機への対応はもっぱら州政府の権限となったが、カタルーニャについて見れば州政府がコロナに適切に対応しているとはとても言えず、この点は医療関係者も批判している。感染拡大だけでなく、いきあたりばったりの対応で無駄な危機感を煽り、ようやく復活し始めた経済に再び計り知れない影響を与えてしまった。

カタルーニャでは人口の半分以上が独立に反対しているが、選挙法が独立派の強い地方に有利なためもあって州議会では独立主義政党が多数になっており、また、州政権も独立主義政党がとっている。一方、独立派内部は複数の政党の覇権争いが慢性化しており、二〇一七年の違法住民投票後はますます熾烈になってきている。


どうしてこの住民投票が違法であったのか説明する。スペイン憲法は、スペインの一部を構成する地方(バスク、カタルーニャ、アンダルシアなど)の民族自決権(derecho de autodeterminación)を認めていない。憲法制定の過程で、バスクのある議員が民族自決権を憲法に盛り込むべきと主張したが、これに賛成した議員は数えるほどしかおらず、国会の大多数によって否決されている。

一方、国民投票については憲法第九二条と、一九八〇年に制定された国民投票に関する組織法で規定されている。国民投票は下院の承認を受けた上で政府首相がこれを提案し、国王がその実施を布告するものとされる。憲法第一四九条を見ても、国民投票の実施が国だけの権限であることが明らかである。言い換えれば、カタルーニャ州政府がカタルーニャのスペインからの分離独立を問う住民投票を、国会や政府の承認なしに一方的に行うことはできないのである。

住民投票法の手続き面における違法性について述べる。二〇一七年十月一日の住民投票の実施に向けて、州政府は住民投票法を可決させようとし、そのために州議会は内規に反する審議可決手続きを強行した。特に九月六日、州議会本会議は独立に反対する政党に審議の機会を与えず、州議会法務顧問の意見を無視し、緊急手続きで一気に法を可決させた。

住民投票法の内容そのものの違法性については二〇一七年九月六日付けエル・パイス紙に掲載されたシャビエー・ビダル・フォルク記者の記事が端的に指摘している。その要旨は次のとおりである。カタルーニャの民族自決(自己決定)を求める住民投票法は第一条から最後の条文に至るまで、国際法に照らせば、「違法」である。住民投票法(以下「法」と記す)は第一条において、『この法は、民族自決についての住民投票の実施について定める』とあるが、国際法の基準からすれば、一般国内法が、その上位の法律にあたる憲法に反する規定を定めることができない。特に、憲法において、民族自決の住民投票の実施について何も言及していなければ、これを実施することはできないのである。また、第三条で、主権をカタルーニャの住民に付与していること、また、「法」がカタルーニャ自治憲章と憲法の上位に位置するとしていることは、法の規範に反する。

違法住民投票騒ぎの失敗に懲りて、『昔の穏健カタルーニャ主義に戻ろう』という動きもあるのであるが、こちらについてはまだ新しい政党が固まっていない。そのため、このまま州議会選挙となっても穏健派の票がどれほど伸びるか見通しは不確定である。また、『穏健』といっても住民投票実施は主張しているので、やはりカタルーニャの分離独立(言い換えればスペインの解体)を求めていることには違いない。」

一方、カタルーニャの知識人がカタルーニャ独立問題をどのように見ているか触れてみたい。作家エドゥアルド・メンドーサ(Eduardo Mendoza)は一九四三年にバルセロナに生まれ、バルセロナ自治大学で法学を修め、一九八二年までは国連の通訳翻訳官としてニューヨークに住んでいた。その後小説家としてデビューし、二〇一六年にはスペイン語圏文学の最高賞である「セルバンテス賞」を与えられた。メンドーサは、カタルーニャのいびつな現状に対して大いなる危惧を次のように表明している。

「ひとたびクーデタの恐れが視界から消えると、独立主義は、実現可能性を模索する段階に入った。次々とスペイン政府と巧みな距離を置いた協力を続けるなかで、切り離された存在としてカタルーニャの制度が強化されていった。自治州政府に依存するメディア、特にTV3とカタルーニャ・ラジオは、中立的な立場から、カタルーニャの主権論を流布する機関へと変わってしまった。近年の財政危機のなかで独立派の運動は、人々、とりわけ危機の痛手を受けてスペインの政治的施策に幻滅した若者たちの不満を吸収するための理想的手段となった。

事態が今日のようになってしまったのには、もう一つの要因がある。一方も他方も、分離主義的衝動がこれほどの広がりと活力をもつようになるとは思っていなかったのである。この面では、スペイン政府が持つ責任は大きい。独立主義はわずかの少数者が大切にする実現可能性のない計画だと見なされていた。法と武力をもっているが故に、存在しもしないときにはこの問題に取り組もうとはしなかったのだ。カタルーニャ問題は、はるか以前から中央政府を悩ませてきた。事態の責任は皆にあるが、誰も責任をとらないということだ。

いまや展望は暗い。どうしても出口が見えないのだ。私たちは、どこまで行くか分からない行動と反動の連鎖のなかにいる。誰にも利益をもたらさない緊張に終止符を打とうと双方が望んでいるような印象をしばしば受ける。この緊張は、その立役者たちを疲弊させ、国全体の評判を落とし、短期的に修復することのできない明らかな現実的経済損失を引き起こしている。」(メンドーサ 2018, pp.91-96)。

国際政治のゲーム理論の中で、チキンゲームは良く知られている。ある程度の距離をおいて二つの車が向き合い、正面衝突するように猛スピードで進んでいる。先にハンドルを切って、衝突を避けようとした方が負けである。カタルーニャ独立推進派、スペイン中央政府はまさにこのチキンゲームのプレーヤーの様相を呈している。双方とも現時点でハンドルを切って衝突を避けようとしていない。この状態についてメンドーサは危惧しているのである。

四　コロンビア内戦に見る双方の頑固さ

コロンビアでの反政府ゲリラと政府との戦いは五十年以上続いた。そして二〇一六年末に和平合意がようやく成立した。四年近くの和平交渉の現場にいた者としてこのコロンビア内戦の本質について述べてみたい。

コロンビアは、独立当初、シモン・ボリバルとフランシスコ・デ・パウラ・サンタンデールとの政治思想の違い、その後の二大政党の支持基盤の対立、宗教関連の紛争など複雑な要因が絡み合い、社会現象としての暴力の存在が続いた（寺澤 2011, pp.42-58）。大コロンビア共和国の理想を掲げたのはボリバル、無理をせずにしっかりと行政的な基礎を固めるべきであると主張したのがサンタンデールであった。この二つの政治的な思想の違いが出発点となって両グループは反目し合い、ボリバルの思想を維持する保守党とサンタンデールの考え方を継承する自由党との対立が長く続いた。コロンビア政府の閣僚あるいは国会議長の部屋などを訪問すると通常はこの二人の肖像画を掲げている。しかし人によっては、本人の信条であろうか、どちらかの肖像画のみを掲げているので興味深い。

一九六四年、反政府ゲリラのＦＡＲＣ（コロンビア革命軍）が結成されて以降、政府側との武装対立が続いた。その大きな理由は何であろうか。第一に一九四八年から一九六〇年代初頭にかけてコロンビアは内戦状態であり、暴力が全てに優先するという時代（La Violencia）を経験した。また、一九六〇年代以降、政治生命を失った左派グループが地下に潜り、いくつかの左翼ゲリラ組織が誕生した。ＦＡＲＣに加え、ＥＬＮ（民族解放軍。一九六五年〜）、ＥＰＬ（解放人民軍。一九六五年〜）、Ｍ−19（四月十九日運動。一九七〇年〜）などである。彼らは運動継続に必要な戦闘員をコロンビア国内でリクルートすることができた。コロンビア国土の大半は山地・湿地帯であり、国軍・警察のコントロールの及ばない地域が一部存在した。かくして、国土が政治的・軍事的に分断された状態が長く続いたのである。

コロンビアで地方の教会関係者から聞いた話を紹介する。アンティオキア県の不便な山奥の一軒家に、ある日突然、ＦＡＲＣが現れて、家族のうちの未成年である男子をゲリラに差し出せと要求する。従わなければ家族全員が殺されるので、両親は渋々息子をゲリラ側に差し出す。このようにゲリラ側兵士のリクルートが行われていったことに対し、誰もそれを阻止できなかった。

経済面ではどうか。反政府ゲリラが支配している地域では、農民はコカを栽培して、通常の農作物を栽培するよりも高収入を得る。そして、その収益の一部はゲリラ側に提供される。一九八〇年代後半、メデジン・カルテルのリーダーであるパブロ・エスコバルが強力になり、軍事的にも政府軍と拮抗する状態であった。このとき、ＦＡＲＣは麻薬組織と協力し合い、その支配地域と経済的な基盤をさらに拡大していった。麻薬の実態については後述する。

二〇〇二年からのウリベ政権はゲリラ掃討作戦を展開した。ゲリラ側が弱体化した時点で、サントス政権（二〇一〇〜一八年）となり、逆に和平交渉が始まった。サントス大統領自身、ウリベ政権時代は国防相としてゲリラの弱体化に一役買った人物であったが、大統領に就任してからは態度を変えた。彼は、ゲリラとの戦いを続けるよりも和平を達成した方がコロンビアの政府と国民にとって利益になるという信念を有していた。和平交渉は二〇一二年十二月、キューバで開始した。四年余りの粘り強い交渉の結果、コロンビア政府とＦＡＲＣ側で和平合意がまとまり、二〇一六年九月、双方が停戦合意に調印した。その後十月に実施した国民投票では和平合意が〇・四パーセント余りの僅差で否決されたが、サントス大統領に対するノーベル平和賞授与の発表もあり、十一月の議会において、上下院の満場一致で承認される結果となり、和平合意が成立した（二村 2017, pp.7-9）。

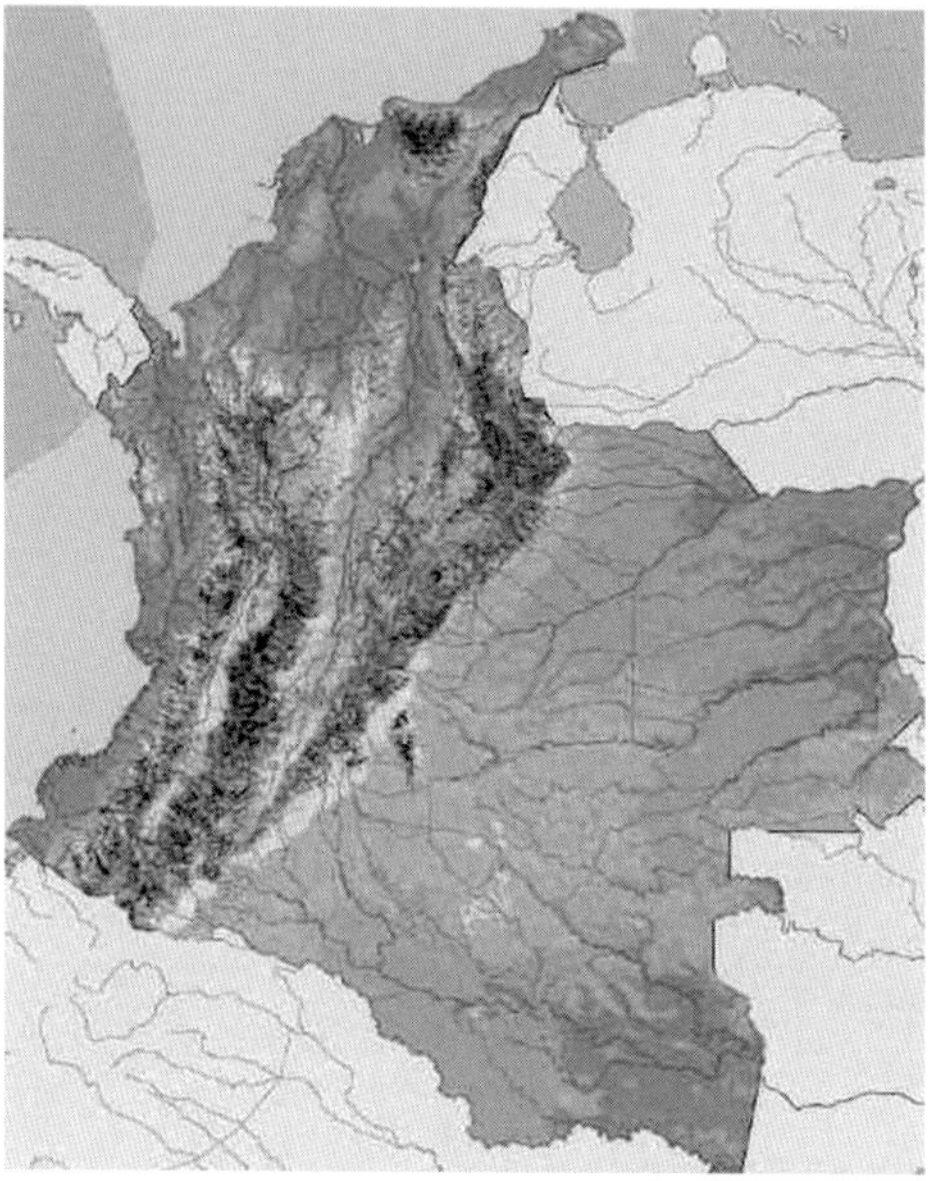

コロンビアの地形図：西側にはアンデス山脈が貫いている

この間のいきさつについては、筆者は既にコロンビアを離れていたが、あとで関係者から事情を聞かされた。国民投票においては、和平合意賛成派は若者も含めて余り積極的に投票しなかった一方で、ウリベ前大統領を中心とする和平合意反対派が精力的に動員して反対票をまとめたこと、また、和平交渉開始当初から保証国としてキューバと共にこの交渉を見守ってきたノルウェーが、国際社会の雰囲気を先取りし、サントス大統領に対するノーベル平和賞を授与することにより和平合意成立を後押ししたという背景があった。

この六十年近くのコロンビア内戦において、政府側、反政府ゲリラ（ＦＡＲＣ）側ともにお互いに譲らなかった。「政治的に絶対譲らない」故に内戦は長引いた。この「頑固さ」は前項で述べた「カタルーニャ独立運動」と共通している。

ＦＡＲＣをはじめとしたゲリラが反政府活動を展開できたいくつかの要因の一つは、コロンビアの地形であった。国の西側をアンデス山脈の延長にある二つの山脈が貫き、また、山脈の東側ブラジルとの国境までは湿地帯が続き、移動は容易ではない。マグダレナ川、オリノコ川支流に沿った動きも含めて、コロンビアは南北の移動が比較的かつ物理的に可能であったが、東西の移動は非常に厳しかった。この地形の厳しさは、現地で実際に移動した者でないとなかなか理解できない。筆者は、山岳地帯の難所を車で移動して、コロンビア内戦の隠れた一面を知ることができた。

五　コロンビアの山岳地帯とエメラルド、そして麻薬

こんどは、この険しいコロンビアの地形がもたらす富について話を続ける。

コロンビアのエメラルドは、その緑色が他国産のエメラルドに比して美しく、特に有名である。エメラルド自体は、ザンビア、ブラジル、ロシア、ジンバブエなどで生産されるが、二〇〇〇年の世界生産シェアはコロンビアが六〇パーセントで断トツの一位である。エメラルドの原石は、通常、花崗岩、ペグマタイトなどの火成岩を母岩として結晶が生成されるが、コロンビア産の原石は黒色頁岩《けつがん》など堆積岩の中で生成されることが多く、それがコロンビア産エメラルドの濃い緑色の美しさにつながっている。そのエメラルドの大半はボゴタの北に位置するクンディナマルカ県とボヤカ県で産出される。恐らく、そのあたりの地質構造が関係しているのであろう。

コロンビアのエメラルドはコロンブスの新大陸到達以前にも一部の先住民によって採掘されて装飾品などに利用されていたが、世界に知られて大量に出回るようになったのは、十六世紀後半、スペインによる南米大陸征服の後である。一五六四年、ボゴタの北に位置するムゾーの町で、スペイ

ン人が馬のひづめの下に光る緑の石の断片を見つけたことがきっかけで、ムゾー鉱山の発見につながった。

　ボゴタの旧市街にはエメラルド博物館が存在する。筆者は一度訪問したが、再現されたエメラルドの採掘現場の狭さ・厳しさにびっくりした。それは、泥にまみれて黄金を探すブラジルの男たち(ガリンペイロ)と大差ない感じがした(8)。

　ボゴタにはエメラルドのマーケットが存在する。このエメラルド原石の取引に関与して成功した日本人がいたと聞かされた。埼玉県生まれで熊本育ちの早田英志さんという方である。ボゴタ北のコスクエス地域にエメラルド鉱山を所有していたらしい。マーケットには汚い格好で行き、エメラルド原石が入った袋をジャンパーのポケットに突っ込む。盗難を心配してエメラルド入りの袋を腕に鍵で取り付けたりすると却って危険である。手ごと切り離されて袋を強奪される可能性があるからだ。

　ボゴタの北に広がっているエメラルド鉱山地帯の中で最大の鉱山はムゾー(Muzo)であるが、その鉱山主はエメラルド王と呼ばれたヴィクトール・カランサ(Victor Carranza)であった。彼が存命中はコロンビアのエメラルド市場が安定していたが、カランサが二〇一三年に病死してからはエメラルド鉱山関係者同士の内紛が続き、良質なエメラルドが市場に出回らなくなったという話を聞いた。エメラルド鉱山主は殆どがコカインビジネスに関与していた。麻薬密輸業者がエメラルド業者に輸出額の水増しを依頼し、その枠で麻薬の資金洗浄をする訳である。

話はエメラルドから麻薬に移る。筆者がコロンビアに滞在したことを知った知人の大半は、「あのメデジン・カルテルのコロンビアで生活されましたか。麻薬は大丈夫でしたか」と質問してくる。コロンビアで普通に生活をしていれば、麻薬絡みで危険に遭遇することは余りないのであるが、多くの日本人は、コロンビア即麻薬というイメージを有しているようである。しかしながら、筆者も含めてコロンビアに滞在している日本人の大半は麻薬ビジネスの実態に精通しているのかと問われれば必ずしもそうではない。

コカイン問題を経済学的にアプローチしてみよう。一般に、モノは需要と供給の関係が成立してはじめて生産→流通→消費というふうに動く。麻薬の問題は米国が世界最大の消費国であることが全ての出発点である。一九八〇年代末の数字であるが、米国のマリファナ常習者が二〇〇〇～二五〇〇万人、コカインが五八〇〇万人、ヘロイン五〇〇万人に上り、これらを合計すれば、米国の人口の一割以上となる。ラテンアメリカから米国への麻薬密輸の中核をなすのがコカインである。コカインはペルー、ボリビア、コロンビアで先ずコカの葉(コカ・ペースト)を作る。第二段階として、コカ・ペーストに塩酸、アセトン、エーテル、アンモニア、硫酸など多くの化学薬品類と灯油を加えて精製コカインを作る。こうして精製されたコカインのほとんどは、メデジン・カルテル、カリ・カルテルの二大組織の流通ネットワークに乗り、密林に作られた飛行場からパナマや中米、カリブ海の島々やメキシコを経由して米国内に運び込まれる。コロンビアの東には広大な密林・湿地帯が広がっており、小型機が離着陸できる滑走路を作ることは容易である。滑走路は普段、木などで覆い隠しておいて、摘発された場合は別の場所に移せばよい。

問題は価格である。原料のコカ葉の時点では価格は低いが、これが精製コカインに加工され、米国の街頭でコカインとして売人の手で小売りされるまでに数万倍に跳ね上がる。コロンビアは一連の流れの中で、コカインの最終加工と流通を独占しており、コロンビアの麻薬組織が手に入れる利益は莫大なものとなっている。コカ葉を生産する農民側に焦点を当ててみよう。アンデス地方はコカ葉の栽培に適した気候風土を備えており、ペルー、ボリビア、コロンビアがコカ葉生産を独占している。コカ葉を生産する農民側にとっては、その収益率はトウモロコシやコメの十五～二十倍、コーヒーやオレンジの三～四倍に上るため極めて魅力的である。

以上のとおり、麻薬の生産、加工、流通の関係者にとっては、麻薬は経済的に非常に「おいしい」ビジネスである。しかし、麻薬が人体の健康、そして社会に与える被害の大きさゆえに、現在、世界では容認されていないというもう一つの側面が事態を複雑にしている(二村 1993, pp.221-226)。

六　三国同盟戦争に見るパラグアイ側指導者の頑固さ

次に、パラグアイの歴史を大きく変えた三国同盟戦争(一八六四～七〇年)に言及する。戦争開始の背景、五年以上に及んだ戦争の経緯を詳しく述べることが本稿の真意ではない。筆者がパラグアイで外務省をはじめとした政府関係者、知識人から「三国同盟戦争」について聞いた興味深い話だけを極めて大雑把にまとめ、かつ私見を述べてみたい。

そもそも一八六〇年代のパラグアイは近隣国と比較して経済的に豊かで軍事的にも優勢な状況にあった。内陸国にもかかわらず、パラグアイ川とパラナ川が流れていることから、海軍を有していた。当時のパラグアイ大統領フランシスコ・ソラーノ・ロペスは、パラグアイの軍事的能力を過大評価していたのではないか、との指摘がある。内陸国であるパラグアイがブラジル、アルゼンチン相手に戦って勝利を収めれば大西洋への出口を確保できる、という魂胆があったのではないかとも言われている。

一八六三年四月、ウルグアイは大国ブラジルとアルゼンチンに支援された反政府軍の侵入により内戦に陥った。一八六四年十月、ブラジルがウルグアイに対して軍事行動を開始したところ、パラグアイのソラーノ・ロペス大統領は、ウルグアイから救援を要請されていたこともあり、同年十一月パラグアイ国内に停泊していたブラジル船を拿捕した。それを契機に、翌年一月パラグアイ、ブラジル両国は戦争状態に突入した。これが三国同盟戦争の発端である。その後、パラグアイは領土内通過を拒否したアルゼンチンに対しても一八六五年三月、宣戦布告した。一方、ウルグアイ国内ではフロレス政権が誕生し、同政権はアルゼンチン及びブラジルと同盟関係を結び、パラグアイと敵対するようになった。そして、ブラジル・アルゼンチン・ウルグアイの三国同盟グループとパラグアイとの戦いが始まった。途中までは三カ国とパラグアイとの戦いであったが、アルゼンチンは内乱が起きて事実上戦争の前線から退き、最終的にはブラジルとパラグアイとの戦いになった。

一八六八年三月のブラジル軍によるウマイタ要塞攻略、一八六九年一月のアスンシオン陥落によ

「三国同盟戦争」前後でのパラグアイ領土の変化

り、戦局はパラグアイにとって圧倒的に不利になったが、それでもソラーノ・ロペスは降伏しなかった。アスンシオン陥落後も抵抗を続け、最後は七〇年三月、ブラジル国境近くのアマンバイ近郊のセロ・コーラという場所でロペス大統領は戦死した。その時の「私は祖国と一緒に死ぬ！」"Muero con la patria" という言葉は余りにも有名である（「祖国のために死ぬ」（"Muero por la patria"）と言ったとの別説あり(9)）。筆者はパラグアイ滞在中にセロ・コーラを訪問した。アマンバイ手前の国道から少し脇に入り、低い丘を登って小さな川に向かう。ソラーノ・ロペス大統領の小さな胸像が川べりに立っていた。彼の判断・決断がその後のパラグアイ国民の運命を大きく変えたことに思いを巡らし、筆者は感傷的になった。

「三国同盟戦争」に負けたパラグアイの人口は半分以下、特に青壮年男子の人口は壊滅的に減少した。戦後、生き残った数少ないパラグアイの青年たちは女性に対して異常にもてた、夕方に若い男性が歩いていると木の上から女性が降ってきた、という話をあちこちで聞いた。領土についても戦前の国土の四分の一がブラジルとアルゼンチンに割譲された。経済的に悲惨な状況、かつ廃墟の中で残されたパラグアイの人々は立ち直り、約六十年後のボリビア相手のチャコ戦争(一九三二〜三八年)で勝利を収め、何とか自尊心と領土を回復するに至った。アスンシオンの街の道路、あるいはパラグアイ陸軍の中小部隊にはこのチャコ戦争に由来する名前をつけたものが多い。

首都アスンシオンからイグアスに向かう国道二号線の途中にアコスタニュ(Acosta Ñú)という場所がある。一八六九年八月十六日、ここでパラグアイ兵四千名と、ブラジル兵を主力とした二万名の部隊が衝突し、パラグアイ側は三千三百名が戦死した。その大半は少年兵であった。当初、パラグアイは少年兵の徴兵年齢を十六歳としていたが、戦局が悪化し、戦闘員が減少していく中で十四歳、十三歳、十一歳にまで年齢が下げられた。今では、アフリカ諸国の内戦で少年兵が担ぎ出された、というニュースに時々接するが、少なくとも、一九世紀後半、少年兵が駆り出されて犠牲になったのは「三国同盟戦争」のパラグアイが初めてであった。パラグアイ国民はアコスタニュで犠牲になった子供たちのことを決して忘れず、毎年八月十六日を「子供の日」(Día del Niño)として追悼している。(10)

強力なリーダーシップをとっていたソラーノ・ロペス大統領の判断ミスは確かにあった。彼がアスンシオン陥落の時点でブラジルに降伏していれば犠牲者の数もかなり減っていたであろう。アコスタニュで多くの少年兵も命を落とさずにすんだ。しかし、歴史におけるイフ(if)の議論は意味がない。ソラーノ・ロペスは降伏を拒否し、名誉の戦死をした。

ソラーノ・ロペスが直ちにパラグアイの英雄になった訳ではない。チャコ戦争勝利のあとの一九四〇年代になってから国威(ナショナリズム)発揚という目的もあり復権が行われた。一九四一年の大統領令により、アスンシオンの中心大通りはAvenida Mariscal Solano López(ソラーノ・ロペス大元帥通り)と名付けられた。また中心部には英雄廟(パンテオン、Panteón Nacional de los Héroes)が建設され、ロペス大統領を含めた過去の英雄の霊が祀られることとなった。ソラーノ・ロペスの夫人エリサ・アリシア・リンチ(Elisa Alicia Lynch)はアイルランド生まれで英国籍であったため、ソラーノ・ロペスの戦死後も遺産相続などの面で苦労し、必ずしも周囲のパラグアイ人に厚遇されたわけではない。しかし、今では彼女も英雄ロペス大元帥の妻として名誉を回復し、Avenida Madam Lynch(リンチ夫人大通り)がアスンシオンの中心部から南部に向けて走っている。

筆者は、三国同盟戦争において敵国ブラジルに対して最後まで譲らなかったソラーノ・ロペス大統領の強い意志と勇敢さ、そして頑固さを感じざるを得ない。

終　章

一　経済の現状から見たスペインと中南米

前章では「頑固さ」がスペインと中南米の政治面において相通じることを検証した。それでは、経済面でスペインと中南米の絆は、現在、どうなっているであろうか。

二〇二〇年のスペインの対外貿易を分析した場合、上位はヨーロッパ諸国が占める。総輸出二六一一億七五五〇万ユーロのうち、対フランスが一六パーセント、ドイツが一一・四パーセント、ポルトガルが七・九七パーセント、イタリアが七・六五パーセント、英国が六・三四パーセントで対欧州向け輸出は全体の七三・八パーセントを占める。中南米の場合は、対メキシコ輸出が一・二五パーセント、ブラジルが〇・八八パーセント、チリが〇・五一パーセント、コロンビアが〇・二八パーセント、キューバが〇・二三パーセントで、併せて四パーセント程度である。一方、スペインの輸入を見た場合、総輸入二七四五億九七五〇万ユーロのうち、対ドイツが一三・一パーセント、フランスが一〇・八パーセント、中国が九・六一パーセント、イタリアが六・九九パーセント、オランダが四・九二パーセントと続き、対欧州輸入は全体の六二・二パーセントを占める。中南米からの輸入は、対ブラジルが一・三パーセント、メキシコが一・一四パーセント、チリが〇・三八パーセント、アルゼンチンが〇・三七パーセント、ペルーが〇・三五パーセントと続き、対中南米輸入は全体の四パーセント余りである。即ち、輸出入のみに着目した場合、スペインにとっての中南米全体の比重は、近隣のオランダ一国と同じ程度であり、スペインと中南米との経済関係は緊密かつ重要であるとは到底言えない(11)。

今度は、EC加盟(一九八六年)前後に、スペインの対ヨーロッパ及び中南米主要貿易相手国との輸出入動向がどうであったか、統計を確認してみた。当時のスペイン通貨はユーロではなくペセタであった。「スペインの主要相手国別輸出入統計」で明らかになったことは、次のとおりである。

①スペインのヨーロッパ主要国(仏、独、伊)に対する輸出入は一九八七年より右肩上がりで確実に増えている。

②一九八〇年代後半において、スペインの中南米主要国(メキシコ、ブラジル、アルゼンチン)に対する輸出入は横ばい状態であり、対ヨーロッパのように急増していない。勿論、一九八〇年代、中南米諸国が経済危機に直面していたことを勘案する必要がある。

③一九八六年のEC加盟以降、スペインが対ヨーロッパ諸国との経済関係を緊密化させたが、中南米諸国との経済関係は現状維持ないし弱まった。

なお、一連の統計を入手するに際し、筆者は大変な苦労をし、最終的にはセビーリャ大学の友人カレーラ教授に助けてもらった。その際、彼はメールで次のセリフを伝えてきた、「(このような統計も入手できる)スペインはまともな国だよ(España es un país serio.)」。同じセリフを筆者はパラグアイでもコロンビアでも何度となく聞かされた。やはり自分の国がしっかりしていてまともな国であることを外国人である筆者に対してもも知ってもらいたかったのである。

スペインの主要相手国別輸出入統計

ECないしEUについては加盟国の規模が増大しているので、ヨーロッパ個別の国、すなわち、フランス、ドイツ及びイタリア、中南米についてはメキシコ、ブラジル及びアルゼンチンを選び、統計比較対象年として一九八一年、一九八五年、一九八七年、一九九〇年、一九九五年を選定した(単位は全て百万ユーロである)[12]。

◉フランス
一九八一年：輸出▼1624.86／輸入▼1433.56
一九八五年：輸出▼3827.72／輸入▼2832.67
一九八七年：輸出▼4715.61／輸入▼1143.02
一九九〇年：輸出▼6981.58／輸入▼2075.86
一九九五年：輸出▼14321.17／輸入▼14984.61

◉ドイツ
一九八一年：輸出▼976.23／輸入▼1452.01
一九八五年：輸出▼2353.15／輸入▼3233.78
一九八七年：輸出▼3066.59／輸入▼5852.93
一九九〇年：輸出▼4557.68／輸入▼8798.60
一九九五年：輸出▼10638.41／輸入▼13328.74

◉イタリア
一九八一年：輸出▼648.79／輸入▼712.27
一九八五年：輸出▼1732.18／輸入▼1400.54
一九八七年：輸出▼2284.31／輸入▼3204.78
一九九〇年：輸出▼3607.14／輸入▼5446.62
一九九五年：輸出▼6338.65／輸入▼8099.29

◉ブラジル
一九八一年：輸出▼51.43／輸入▼248.11
一九八五年：輸出▼61.92／輸入▼637.78
一九八七年：輸出▼68.67／輸入▼443.11
一九九〇年：輸出▼111.78／輸入▼579.40
一九九五年：輸出▼652.23／輸入▼849.35

◉メキシコ
一九八一年：輸出▼297.00／輸入▼1108.50
一九八五年：輸出▼248.23／輸入▼1759.99
一九八七年：輸出▼130.12／輸入▼1065.58
一九九〇年：輸出▼357.86／輸入▼876.65
一九九五年：輸出▼424.48／輸入▼738.32

◉アルゼンチン
一九八一年：輸出▼176.03／輸入▼133.57
一九八五年：輸出▼104.16／輸入▼286.02
一九八七年：輸出▼113.91／輸入▼145.15
一九九〇年：輸出▼103.35／輸入▼293.60
一九九五年：輸出▼711.53／輸入▼628.18

二　エコノミスト誌記事とそれに対する反論

このように経済面に焦点を当てて分析すると、現在、スペインと中南米地域との絆は極めて弱いと言える。欧州近隣国のフランスやドイツ、ポルトガルとの関係の方がはるかに重要である。こうしたスペイン・中南米関係の現状について、イギリスの二〇二〇年七月十一日付エコノミスト誌は若干皮肉を込めて厳しく分析している。

「スペインのラテンアメリカとの複雑な関係――元宗主国であるスペインはラテンアメリカとの間で意義のある役割を果たすことを望んでいるが、その影響力は弱体化している。ここ数週間、スペイン政府はラテンアメリカ諸国との間で六つの閣僚レベル会合を開催し、各国に打撃を与えているコロナ感染症についての経験を分かち合うべく意見交換をした。そして、二〇二〇年六月二十四日、ペドロ・サンチェス・スペイン首相主催の形でビデオ首脳会議を実施し、ラテンアメリカ九カ国の大統領が参加した。彼らは、国際金融機関がラテンアメリカ諸国に対して、より多くの資金を供与できるように働きかけていくことで合意した。

これは、従来いろいろ約束されてきたスペインと中南米との関係のなかで新しく意義のあるチャプター(進展)である。スペインとラテンアメリカは多くの点で近い。彼らは言葉、文化、歴史を共有する(もっとも、ポルトガルを話すブラジルとの間では、状況は異なる)。しかし、この四十年間、スペインとラテンアメリカとの政治対話は、浮き沈みがあった。一九七〇年代後半のスペインの民主化はラテンアメリカに影響を与え、独裁政権を振り切った。スペインの社会党出身のフェリッペ・ゴンサレス首相(一九八二~九六年)はラテンアメリカ地域のリーダーたちと緊密な関係を構築した。一九九一年、スペインはメキシコと一緒に、イベロアメリカ首脳会議を立ち上げ、これにはポルトガルも参加した。そしてスペイン企業は現地の会社を買収したりして一斉にラテンアメリカに乗り込んでいった。米国や中国の占める割合が大きいラテンアメリカにとって、スペインとのつながりは、友好関係を多様化させる方法の一つであった。

しかし、過去が影を落としている。二〇一九年、メキシコの大衆迎合主義者であるアンドレス・ロペス＝オブラドール大統領は、一五一九年のスペインによるメキシコ侵略についてスペインからの謝罪を求めた。これに対しスペイン人は怒ったが、多くのラテンアメリカ人は密かに喝さいを送った。ラテンアメリカ出身の外交官によれば、スペインはラテンアメリカ地域を当然視する傾向がある。

イベロアメリカ首脳会議事務局トップのレベッカ・グリンスパンは、イベロアメリカサミットがラテンアメリカの全首脳が一堂に会する唯一の場所であると指摘している。これはラテンアメリカ地域が数十年にわたって分裂していることを反映している。アルゼンチンとブラジルの大統領はお互いに話さないし、ロペス＝オブラドールはそのことを全く気にしていない。ラテンアメリカのリーダーたちは、経済再生について国際的な支援を得ることを始めとして地域が抱えている喫緊の課題に関して共通の立場をとることに失敗した。リーダーたちは正しく彼らの義務を放棄したのである。従って、スペインは、少なくともこの点についてだけは救いを差しのべることができた」(The Economist, 2020, July, 11, p.34, the Americas)

しかしながら、先の「エコノミスト」の記事に対し、筆者は反論したい。スペインは三百年にわたり中南米諸国を植民地にし、その後も政治・経済、社会、文化その他あらゆる面で影響を与え続けた。

逆に、中南米側からスペインに影響を与えた部分もある。また、血筋いわゆる血縁でもつながっているので、これはアジア、中東、アフリカ地域の元植民地と欧米諸国との関係とは本質的に異なる。中南米それぞれの地域、あるいは一九世紀以降の独立国はそれぞれ異なった発展を辿ったところもあるので、確かにスペイン本国と著しく異なっている部分も存在する。にもかかわらず、本書で分析したスペインと中南米との絆は「空気のような存在」であり、大多数の関係者が忘れてしまう、あるいは無視してしまうほどのものである。スペインと中南米との関係を考えるときに、この大きな絆を忘れてはいけない。表面的な二国間関係が全てではない。

近年、世界的に地域経済同盟の動きが進展しており、中南米もその例外ではない。CARICOM(カリブ共同体、一九七三年七月成立)、MERCOSUR(南米南部共同市場、一九九一年三月成立)、CAN(アンデス共同体、一九九六年三月成立)、ALBA(米州人民ボリバル同盟、二〇〇四年十二月成立)などがあり、さらに、二〇一二年六月、太平洋同盟(La Alianza del Pacífico)が発足した。特に、太平洋同盟は、その設立後の短い期間にもかかわらず、域内関税九二パーセントの即時撤廃などの成果を出している。

そこで、これら中南米地域における経済統合とスペインとの関係に着目する。スペインは域外国であるので正式のメンバーになれないが、オブザーバー参加を認めている場合にはオブザーバー国として活動に参加できる。太平洋同盟は外に開かれた同盟を目指しており、オブザーバーの五五カ国の中に、スペインや日本も含まれている(渡部・増島 2019, pp.1-8)。筆者は二〇一三年五月にコロンビアのカリで開催された太平洋同盟首脳会議を傍聴する機会があった。オブザーバーとして三〇カ国余りが参加していたが、スペインの存在は非常に目立った。代表団長は当時のスペイン首相マリアノ・ラホイであり、既に面識があるのか、加盟四カ国首脳のサントス・コロンビア大統領、ピニェーラ・チリ大統領、ウマーラ・ペルー大統領、ペニャ＝ニエト・メキシコ大統領と極めて自然かつ積極的にやり取りしていたことを傍らで観察した。真にこれがスペインと中南米との強い絆である。

三　まとめに代えて

中南米全体を地域としてとらえてみると、文化的・言語的に類似性が比較的に高いために、この地域をひとくくりにして、「中南米的」あるいは「ラテンアメリカ的」として一般化しがちであるが、一つひとつの国や地域社会を子細に見てみれば違いがみつかり、一般化するにはほど遠い。こうした中南米の人たちの「思考様式」について、スペイン人の思考様式を念頭に置きながら迫れば、理解しやすい場合がある。前章で言及した、対立・危機的な事態に際しての中南米諸国リーダーたちの判断と意思決定、また、日常生活における一般の中南米の人たちの考え方・行動様式において然りである。

一九八六年にスペインが時の欧州共同体（EC）に加盟してから、スペインは特に経済面において、従来の中南米志向より欧州志向に転換し、現在はその延長線上にある。ただ、文化・言語面でのスペインと中南米との強い絆は未だ続いており、この点は筆者の友人のアレハンドロ氏やカレーラ教授が指摘しているところである。スペインと中南米とのつながりは歴史的な経緯からして当然と言えば当然であるが、このテーマは、どちらかと言えばこれまで多くの研究者によっても見過ごされてきたのではないかと感じている。筆者は外国人ながらも仕事柄両地域で長く生活する機会があり、このスペインと中南米との絆について問題意識を持つに至った。

中南米地域の人たちは、新大陸における歴史の連続性というものをもちろん認識している。しかし独立戦争のあとに生まれたイスパノアメリカ史学の研究者たちは、スペインから解放されたばかりの植民地が、たとえば「ペルー共和国」あるいは「ベネズエラ共和国」と命名されただけで、まったく新たな歴史が始まったかのように思い込んでしまった観がある。この二つの歴史の出発点となった共通の体験、すなわち、スペイン植民地時代を共有したことを忘れがちである。

ある南米出身の元外交官・歴史家の見解を引用する。

「ヨーロッパ人が新大陸に根をおろした時点から、新大陸の外部で作られて少数の特権層が享受する外来文化と、先住民やメスティソの大衆からあふれ出て未解決のまま山積みになっている多くの問題との対立が始まった。新世界の植民地は、『エル・ドラード』、金銀の豊富な産出地であると同時に、極貧の群衆が暮らす困窮の地であった。旧来の植民地が独立して国家として誕生し、早熟

現代のラテンアメリカ諸国

なナショナリズムが高まった結果、イスパノアメリカ世界の対外政策にとって非常に大事なもの、すなわち、共通の起源にもとづく精神的連帯が忘れられてしまった。イスパノアメリカの内部には地域的な違いが見られるが、世界に対してはイスパノアメリカの一体性や類似性が植民地時代からずっと存在してきたのである。米国との国境を流れるリオ・ブラボーに沿ったステップ地帯からパタゴニアの寒冷なパンパ地域に住む人々に対して、最も効果的に一体感をもたらせている手段はスペイン語である。言葉と歴史は、自然がもたらす障壁に対抗して、同胞の意識を生み出している。また、現在の世界を地理的に見て、イスパノアメリカほど強い家族的親近性をもつ地域はほかにない。こうした一種の深い親族意識は、一九世紀以来それまでの政治的統一が破られたとはいえ、共通の文化史を持つことに基づいている」(ピコン＝サラス 1991, pp.9-11)。

ベネズエラ出身のピコン＝サラスが指摘するように、スペインと中南米とを結ぶ最大の絆はスペイン語という言語の共通性から来る思考様式である。さらに、中南米地域が三百年の長きにわたりスペイン植民地としての時代を共有したことが、彼らの深い親族意識の出どころとなっている。

＊

いろいろな先行研究あるいは筆者の知人・友人の助けを借りてここまでまとめてみた。この随想ないしエッセイはあくまでも問題提起を意図したものであるところ、筆者とは違った経験を有しておられる研究者からの鋭いご指摘をいただければ幸甚である。

註

（1） https://www.uchile.cl/noticias/144985/casa-central-acogio-charla-sobre-el-arte-mudejar

（2） ジョアン・マヌエル・セラト（Joan Manuel Serrat）一九四三年バルセロナ出身。ミュージシャン、シンガーソングライター。彼はスペイン語、カタルーニャ語の両方で活躍した。

（3） https://mundo.sputniknews.com/20220210/colonialismo-y-

（4） IBERDROLA は多国籍電力会社、OHL は総合建設会社、REPSOL は石油・ガスの多国籍企業。いずれもスペインに本拠地を有する。

（5） https://www.cocinayvino.com vino

（6） https://www.luisa-paixao.eu/blogs/la-vie-au-portugal/les-azulejos

（7） https://manzaratourism.com/uzbekistan/blue-ceramics

（8） https://museodelaesmeralda.com.co

（9） Felicidades, Mariscal: Javier Yubi-yubi@abc.com.py

（10） http//foros.riverplate.c0m/general/14586-heroica-batalla-de-acosta-nu.html

（11） Boletín Económico de ICE: el el Sector Exterior en 2020, el Sector Exterior en2003, www.revistasice.com/index.php/SICE/issue/view/705 の統計を基に筆者が作成

（12） Banco de España-Estadísticas históricas para investigadores (bde.es) と Base de datos de Series de Indicadores de Coyuntura Económica (mineco.gob.es) 及び busquedas (mimeco.gob.es) を基に筆者が作成

参考文献

有本紀明（1983）『スペイン・聖と俗』日本放送出版協会
飯田ファン一夫（1990）『ペルー・インディオ祝祭日』ＰＭＣ出版
伊藤章治（2008）『ジャガイモの世界史』中公新書
上野堅實（1998）『タバコの歴史』大修館書店
大高保二郎監修・著（2018）『スペイン美術史入門』ＮＨＫ出版
岡本信照（2018）『スペイン語の世界』慶應義塾大学出版会
岡本信照（2021）『スペイン語の語源』白水社
遅野井茂雄（2005）「ラテンアメリカの政治」岡本伊代・中川文雄編著『ラテンアメリカ研究への招待』新評論
オッペンハイマー、アンドレス著・渡邉尚人訳（2014）『ラテンアメリカの教育戦略』時事通信社
岸川毅（1993）「スペイン系諸国――その連続性と変化」松下洋・乗浩子編『ラテンアメリカ　政治と社会』新評論
国本伊代（2001）『概説ラテンアメリカ史』新評論
国本伊代編著（2011）『現代メキシコを知るための60章』明石書店
クレイトン、ローレンス・A著・合田昌史訳（1998）「船と帝国　スペインの場合」関哲行・立石博高編訳『大航海の時代　スペインと新大陸』
コリアー、ポール著・中谷和男訳（2008）『最底辺の10億人』日経ＢＰ社
近藤仁之（1995）『スペインのジプシー』人文書院
坂井信生（1977）『アーミッシュ研究』教文館
佐藤道子（2000）『パラグアイ赤土に生きる――ラパチョの花咲く原風景』吉田恭子編集・発行
司馬遼太郎（1988）『街道をゆく、南蛮のみちⅠ』朝日文芸文庫
清水透（2017）『ラテンアメリカ５００年』岩波書店
シュミット、カール著・中山元訳（2018）『陸と海』日経ＢＰ社
杉山知子（2011）『移行期の正義とラテンアメリカの教訓』北樹出版

鈴木慎一郎(2005)「ラテンアメリカの音楽」国本伊代・中川文雄編著『ラテンアメリカへの招待』新評論
関哲行(2003)『スペインのユダヤ人』山川出版社
セン、アマルティア著・東郷えりか訳(2006)『人間の安全保障』集英社新書
竹下節子(2019)『ローマ法王』角川文庫
田澤耕(2019)『物語カタルーニャの歴史』中公新書
立石礼子(2009)「ラテンアメリカにおけるスペイン語の普及」畑惠子・山崎眞次編著『ラテンアメリカ世界のことばと文化』
成文堂
田辺厚子(1986)『亡命の文化――メキシコに避難場所を求めた人たち』サイマル出版会
垂浩子(1995)「ラテンアメリカのユダヤ人」中川文雄・三田千代子編『ラテンアメリカ　人と社会』新評論
チャペック、カレル著・飯島周編訳(2007)『スペイン旅行記』筑摩書房
デ・ソラーノ、フランシスコ著・篠原愛人訳(1998)「スペイン人コンキスタドール　その特徴」関哲行・立石博高編訳
『大航海の時代　スペインと新大陸』同文館出版
寺澤辰麿著(2011)『ビオレンシアの政治社会史』アジア経済研究所
中川文雄著(1974)「ラテンアメリカの文化的志向とアイデンティティ」『筑波大学ラテンアメリカ特別プロジェクト』
中川文雄著(1995)「ラテンアメリカの価値観と行動様式」中川文雄・三田千代子編『ラテンアメリカ人と社会』新評論
ナバーラ州政府発行(2006)『ザビエル　２００６　世界的文化の出会い』
服部幸應(1999)『コロンブスの贈り物』ＰＨＰ研究所
バルマー＝トマス、ビクター著・田中高他訳(2001)『ラテンアメリカ経済史』名古屋大学出版会
ピコン＝サラス、マリアノ著・グスターヴォ・アンドラーデ／村江四郎訳(1991)『ラテンアメリカ文化史』サイマル出版会
フェレール、アルド著・松下洋訳(1974)『アルゼンチン経済史』新世界社
二村久則(1993)「政治的攪乱要因としての麻薬問題」松下洋・乗浩子編『ラテンアメリカの政治と社会』新評論第12章に収録
二村久則(2017)「コロンビア　ついに成立した和平合意」『ラテンアメリカ時報 2016/17 年冬号 no.1417』ラテンアメリカ協会
プレビッシュ、ラウル著・竹内照高訳(1971)『プレビッシュ報告　中南米の変革と発展』国際開発ジャーナル社
細田晴子(2012)『戦後スペインと国際安全保障』千倉書房
細谷広美編著(2012)『ペルーを知るための66章』明石書店

増田義郎（1971）『新世界のユートピア』研究社
増田義郎（1997）『黄金の世界史』小学館
増田義郎（1998）『物語ラテンアメリカの歴史』中公新書
三田千代子（1995）「ラテンアメリカの人と社会の成り立ち」中川文雄・三田千代子編『ラテンアメリカ　人と社会』新評論
三田千代子（2009）「ブラジル社会の多様性とその承認」畑惠子・山崎眞次編著『ラテンアメリカ世界のことばと文化』成文堂
宮崎正勝（2007）『黄金のジパング伝説』吉川弘文館
メルツァー、ミルトン著・渡会和子訳（1992）『コロンブスは何をもたらしたか』ホルプ出版
メンドーサ、エドゥアルド著・立石博高訳（2018）『カタルーニャでいま起きていること――古くて新しい、独立をめぐる葛藤』明石書店
八嶋由香利（2010）「人の移動と社会変容カタルーニャの近代化とキューバの富」清水透他編『ラテンアメリカ 出会いのかたち』慶應義塾大学出版
安井伸著（2010）「地球の反対側で何が起こっているのか」清水透編『ラテンアメリカ出会いの形』慶應義塾大学出版会
山崎眞次眞次（2009）「ラテンアメリカの先住民言語」畑惠子・山崎眞次編著『ラテンアメリカ世界のことばと文化』成文堂
山本紀夫（2008）『じゃがいものきた道』岩波新書
山本紀夫（2017）『コロンブスの不平等交換』角川選書
吉田長栄（2002）「パラグアイ　日本人移住の歴史」『海外移住第６０３号』国際協力事業団
渡部和男（2007）「スペインの移民問題――中南米よりの移民動向分析」『神戸大学経済学研究年報54』
渡部和男・増島建（2019）「中南米における地域主義の新しい波――太平洋同盟」『神戸大学国際協力論集第26巻第2号』神戸大学
渡邉利夫（2021）『国際政治のなかの中南米史』彩流社
Crosby Jr., Alfred W. 著 2003 年 "The Columbian Exchange: Biological and Cultural Consequences of 1492"Praeger Publishers
Fundación Roger Garaudy 著 "Torre de la Calahorra ――Museo vivo de Al-Andalus"
Pi-Suñer Llorens, Antonia y Agustín Sánchez Andrés (2001) "UNA HISTORIA DE ENCUENTROS Y DESENCUENTROS ――México y España en el siglo XIX "Secretaria de Relaciones Exteriores de México

写真・地図の引用先

スペインとポルトガル　植民地時代のアメリカ大陸：増田義郎著 1977 年
　『世界の歴史7　インディオ文明の興亡』講談社
黄金の船（黄金博物館、コロンビア）：同博物館提供
布教村の礼拝堂廃墟（サンティシマ・トリニダッド、イタプア州）：筆者撮影
布教村の遠景（サンティシマ・トリニダッド、イタプア州）：同右
アルカサルの外壁と入口（セビーリャ）：カレーラ・セビーリャ大学教授提供
大聖堂と街並み（カルタヘナ）：筆者撮影
馬蹄形アーチ（コルドバのメスキータ内部）：マルティネス・サラマンカ大学教授提供
半円形アーチ（ブルゴス近郊のサン・ニコラス教会）：同右
パラグアイ日系移住地の地図：JICA（国際協力機構）提供
スペインの州別地図：川成洋著 2020 年『スペイン通史』丸善出版
アカプルコ～マニラの太平洋航路：清水透著 2015 年『ラテンアメリカ　歴史のトルソー』立教大学ラテンアメリカ研究所
ガレラ船：カレーラ教授提供
ナビオ船：同右
パラグアイ・ダンス：筆者撮影
セントロ・ニッケイでのアサード（パラグアイ）：筆者撮影
アズレージョ美術館（リスボン）：同美術館提供
マチュピチュ遺跡でのアルパカ：筆者撮影
イサベル女王の肖像画：Manuel Fernández Alvalez 著 2003 年 "Isabel la Católica" Espasa Calpe, S.A.
フォンセカ大学寮（サラマンカ）：カレーラ教授提供
コリカンチャ神殿入口の石垣（クスコ）：筆者撮影
2001 年アルゼンチン経済危機：El Clarín 紙提供
カタルーニャの位置関係：カレーラ教授提供

コロンビアの地形図：ペナゴス氏提供
三国同盟戦争前後でのパラグアイ領土の変化：パラグアイ外務省研修所提供
現代のラテンアメリカ諸国：染田秀藤編 1993年『ラテンアメリカ　自立への道』世界思想社

あとがき

近年、中南米あるいはラテンアメリカを扱った書籍・論文は、筆者の学生時代に比べて圧倒的に増えた。中南米の大学への留学、あるいは日墨研修制度や在外公館の専門調査員制度などにより中南米諸国で実際に生活し、その後研究者になった人たちが増えてきたことが一因である。しかしながら、その中で、中南米地域とスペインとのつながりを中心テーマにした日本語の文献は余りないように感じている。冒頭で述べたように、このことが本書を準備する気持ちになった理由の一つである。

筆者にとり厳密な意味でのスペインとの最初の出会いは、一九七四年春、英国の London School of Economics に留学中、春休みを利用して一週間余りスペインを訪問した時であった。当時はスペイン語も片言程度しかできず、観光客としてスペインを初めて観察した。その際にトレドを訪問したが、セマーナ・サンタ(復活祭)の最中であり、トレド大聖堂の前で復活祭の行列に出会い、強烈な印象を受けた。次のスペインとの出会いは一九七七年夏、外務省のスペイン語研修生として、アンダルシア地方アルメリアで実施されたグラナダ大学主催の外国人を対象としたサマーコースに参加した時であった。アルメリアは地理的にもモロッコに近く、モロッコからサマーコースに来ていた学生たちと親しくなった。イスラム文化圏の人たちとの最初の出会いであった。

そのあと一年目はサラマンカ大学、二年目はマドリードの外交官学校で研修した。本書にも引用したカレーラ教授とはサラマンカの大学寮で知り合った。この時期はスペイン民主化が始まった直後であり、筆者は非常に貴重な経験をした。大学寮での食事は四名掛けのテーブルに順番に着席する決まりとなっており、筆者はもっぱら聞き役であったが、若いスペイン人教職者たちからいろいろな話を聞くことができた。美術史専攻の若手講師は筆者に対し、「カズオ、スペイン語を上達させるためには女友達を作った方が早いけれども、相手が特定の恋人一人に限定されると、使う動詞の範囲が狭くなってくるから気を付けた方がいいよ」などと、意味深い忠告をしてくれた。二年目の外交官学校では、スペイン語を通じて、憲法、領事法、スペイン現代史、英語、フランス語、ロシア語などを学び、視野が広がったことを覚えている。この二年間の体験が筆者のスペイン観察の基本となっており、自らの対スペイン観がほぼ出来上がったように感じた。その二十三年後の二〇〇二年から約四年間、マドリードの日本大使館に勤務した。この時は昔のサラマンカ時代のスペイン人旧友と再会し、また、スペイン外務省外交官学校の同期生たちとも会うことができた。一九七〇年代後半と二〇〇〇年代前半の二回にわたり、変化しつつあるスペインを自らの眼で観察できたことは幸いであった。

筆者の中南米との最初の出会いはニューヨークの国連第五委員会の場であった。一九九七年三月から三年足らずの勤務であったが、ここで、中南米のほぼすべての国の外交官と話す機会に恵まれた。既に本文中で述べたが、スペイン語のおかげで、GULACの名誉メンバー的な存在となり、本来の国連の仕事に加え、ラテンアメリカの雰囲気を味会うことができた。後日、アジア地域の同僚男性から聞いた話であるが、日本人のカズオが、ラテンの女性外交官と親しく頬擦りしたり、楽しくお喋りしているのを遠くで眺めて不思議に思い、かつ羨ましがっていたらしい。

ニューヨークに赴任するまでの筆者の仕事は西ヨーロッパとの経済関係や経済協力であったので、この国連代表部勤務から風向きが変わってラテンアメリカシフトとなった。一九九九年十月にアルゼンチンのブエノスアイレスへ転勤した。初めての南米勤務であり、アルゼンチンの素晴らしい自然や食べ物に触れた。アサードの美味しさと華麗なタンゴの踊り・音楽は未だに忘れることができない。本文中で言及したアレハンドロ氏との出会いはこのブエノスアイレスにおいてである。日本の七倍半もあるアルゼンチンの国内を移動するのは大変であったが、プエルト・モレーノ氷河の上をトレッキングした時は大自然の素晴らしさを実感した。また、ここでアルゼンチン在住の日系人の人たちと交流する機会があった。筆者は囲碁を趣味としている関係で、毎週土曜日午後、市内の沖縄連合会会館(通称、沖連)に行き、日系の同好の人たちと囲碁を打っていたことは楽しい思い出の一つである。このアルゼンチン勤務のあとに、前述の二度目のスペイン勤務となった。

二〇〇八年から三年余りのパラグアイ勤務、さらに、二〇一二年から丁度三年のコロンビア勤務については、観察した多くのことについて本文中に記載しているので繰り返さない。いずれにしても、アルゼンチン以降、一時的に日本での勤務があったにせよ、スペイン、パラグアイ、コロンビアとスペイン語圏勤務が続いたので、二〇一五年十月に日本に戻って退官したときにはさすがに大きなカルチャーショックを感じた。申し遅れたが、一九八六年七月から二年間弱、イタリアのローマに滞在した。ラテンの本家本元であるイタリアと、スペインや中南米とを比較することができて本当に貴重な経験であった。イタリアでの経験については食事を含めお伝えしたいことは山ほどあるが、本書の趣旨ではないので別の機会に譲りたい。

筆者は一九七六年に外務省に入省し、スペイン語を専門言語として、前述したような国での海外勤務、そして外務本省では、安全保障、経済、経済協力、科学技術協力などの仕事に携わった。こうした中で、冒頭に述べたように、スペインと中南米とのつながりを長い間ずっと、何となく意識していた。

二〇一八年から二〇二一年にかけて、外務省での元同僚である渡邉利夫氏が『国際政治のなかの中南米史』という大作を準備している段階で、筆者もコメントをするなど少なからず協力させていただいた。そして、こうした関わりのなかで、「スペインと中南米との絆・つながり」についてまとめてみたいという気持ちをさらに強くした。しかし、学術論文にするには余りにも力量不足であると感じ、随筆ないしエッセイの形で表すことにした。ここまで書き上げてみてまだまだ不十分ないし不完全であると感じているところが多いが、時間の関係もありともかくこのような形で出版することにした。

本書を出版するに際し、先ずはこれまでの在外勤務において筆者にいろいろご教示いただいた現地大使館の上司や同僚、職員の皆さん、さまざまな場所で出会って意見交換をした先方政府やそれ以外の人たち、また南米各移住地の日系人の皆さん、その他筆者の話し相手をしていただいた方々に厚く御礼を申し上げる。彼らとのやり取りがなかったならば、筆者は本書で記載したように、スペインと中南米との絆について深く考えを巡らすことはなかったであろう。そして、筆者が四十年近く勤務した職場である外務省、スペインとラテンアメリカについての先行研究関連図書を利用させていただいた上智大学中央図書館に対しても感謝いたしたい。さらに、本文中でも引用した筆者の知人・友人である市川秋子氏、Manuel Carrera 氏、Alejandro Bertoló 氏、Lina María Penagos 氏、アルベルト松本氏、元同僚の渡邉利夫氏の皆さまに対して深甚なる謝意を表したい。特に中南米史に精通した渡邉氏におかれては、原稿の段階から貴重かつ鋭いコメントをいただいた。また、本書の出版に労を取っていただいた彩流社の河野和憲氏にも厚く御礼を申し上げる。これらの方々の協力が得られなかったら本書の出版は無理であったのではないかと痛感している。

【著者】

渡部和男

…わたなべ・かずお…

1951年愛媛県生まれ。1975年東京大学教養学部教養学科卒業。1976年外務省入省。本省では日欧経済関係、安全保障、経済協力などを担当し、2011年、科学技術協力担当大使を務めた。海外では、イタリア、タイ、アルゼンチン、スペインの大使館に勤務し、パラグアイ(2008〜2011年)およびコロンビア(2012〜2015年)では日本国特命全権大使を務めた。また、ニューヨークの国連日本政府代表部に勤務し、国連分担金委員会委員を二期に亘り務めた。この間、埼玉大学大学院政策科学研究科、神戸大学経済学部において、さらに退官後、龍谷大学法学部で教鞭をとり、東京理科大学では国際化推進センター長を務めた。研究テーマは国際政治、ラテンアメリカ地域研究、開発援助論であり、著書に『スペイン』(共著)、学術論文として「スペインの移民問題」「太平洋同盟」などがある。ラテンアメリカ政経学会会員。

Sairyusha

スペインと中南米《ちゅうなんべい》の絆《きづな》

——意識しないほどの深いつながり

二〇二三年一月三十日　初版第一刷

著者——渡部和男

発行者——河野和憲

発行所——株式会社 彩流社

〒101-0051

東京都千代田区神田神保町3-10大行ビル6階

電話：03-3234-5931

ファックス：03-3234-5932

E-mail：sairyusha@sairyusha.co.jp

印刷——明和印刷(株)

製本——(株)村上製本所

装丁——中山銀士

ISBN978-4-7791-2875-2 C0022

http://www.sairyusha.co.jp